Palantir en 2025 y Más Allá

El Futuro del Big Data, la IA y la Tecnología Predictiva

Michael Black

CONTENIDO

Palantir al Descubierto: La Empresa que Ve Todo en la Era del Big Data

INTRODUCCIÓN

El propósito de este libro es embarcarse en una exploración exhaustiva y multifacética de Palantir Technologies, una empresa que ha emergido como un titán en el ámbito del análisis de datos y que, a su vez, ha redefinido los contornos mismos de cómo la información se convierte en poder en el mundo moderno. Este no es un simple relato cronológico de una compañía tecnológica; es un esfuerzo ambicioso por desentrañar la manera en que Palantir ha revolucionado la forma en que los datos —esos fragmentos omnipresentes y a menudo caóticos de la vida contemporánea— se recolectan, procesan y transforman en herramientas capaces de iluminar lo oculto, predecir lo imprevisible y, en última instancia, moldear el curso de decisiones que afectan a millones. Desde su fundación en 2003 en el corazón de Silicon Valley, liderada por figuras tan carismáticas como complejas —Peter Thiel, con su visión libertaria y su experiencia como cofundador de PayPal, y Alex Karp, un doctor en filosofía con una retórica apasionada y un enfoque pragmático—, Palantir se propuso una meta audaz: utilizar la tecnología para resolver problemas que desafían la capacidad humana de comprensión sin asistencia. Lo que comenzó como un proyecto para combatir el fraude financiero en los días posteriores a PayPal evolucionó rápidamente hacia algo mucho más grande: un sistema que hoy sirve como columna vertebral para operaciones de inteligencia gubernamental, estrategias empresariales de vanguardia y respuestas a crisis globales. Este libro tiene como objetivo principal analizar cómo Palantir Technologies ha transformado el análisis de datos en una disciplina que trasciende las meras estadísticas o los gráficos coloridos, convirtiéndose en una fuerza que permite a las organizaciones —desde agencias como la CIA y el Departamento de Defensa hasta gigantes corporativos como Morgan Stanley— ver patrones donde antes solo había ruido, identificar amenazas donde antes reinaba la incertidumbre y optimizar recursos en un mundo saturado de información. Pero esta transformación no ocurre en el vacío; Palantir opera en un espacio único y delicado, una intersección donde la tecnología se encuentra con el poder gubernamental y las ambiciones del sector privado, un terreno fértil para la innovación pero también para la controversia. A lo largo de estas páginas, examinaremos cómo sus plataformas, como Gotham, diseñada para desmantelar redes terroristas tras los ataques del 11 de septiembre, o Foundry, que ha empoderado a empresas para navegar las complejidades del comercio global, han cambiado las reglas del juego en sus respectivos dominios. Sin embargo, el alcance de este libro va más allá de celebrar los logros técnicos de Palantir; también busca iluminar las profundas implicaciones de su trabajo, tanto las visibles como las que permanecen en las sombras. ¿Qué significa vivir en un mundo donde una empresa puede rastrear movimientos, predecir comportamientos y ofrecer respuestas antes de que las preguntas siquiera se formulen? ¿Cómo afecta esto a la relación entre el individuo y el estado, entre el ciudadano y la corporación? Este texto no solo narrará cómo Palantir ha llegado a ser lo que es —una entidad valorada en miles de millones de dólares que cotiza en la Bolsa de Nueva York bajo el ticker PLTR desde 2020—, sino que también investigará el impacto de sus herramientas en la seguridad nacional, la privacidad personal, la eficiencia económica y la ética tecnológica. Al hacerlo, pretende ofrecer una visión equilibrada que no solo destaque los triunfos de Palantir, como su papel en el seguimiento del COVID-19 o su apoyo a operaciones militares críticas, sino que también aborde las críticas que han surgido en su camino: acusaciones de vigilancia masiva, asociaciones controvertidas con agencias como ICE, y el temor de que su tecnología pueda ser un arma de doble filo en manos equivocadas. En esencia, este libro es una invitación a comprender a Palantir no solo como una empresa, sino como un fenómeno que encapsula las promesas y los peligros de nuestra era digital, un reflejo de nuestras aspiraciones colectivas y de los riesgos que asumimos al perseguirlas. A través de un análisis detallado de su historia, sus innovaciones y su influencia, este trabajo busca proporcionar al lector las herramientas para evaluar el legado de Palantir y su lugar en un futuro que ya está tomando forma ante nuestros ojos.

Para entender el ascenso y la relevancia de Palantir Technologies, es imprescindible situarlo en el contexto más amplio de la revolución tecnológica que ha definido el siglo XXI: la explosión del big data y el auge de la inteligencia artificial (IA), dos fuerzas que han transformado irrevocablemente la manera en que los seres humanos interactúan con el mundo, toman decisiones y ejercen poder. En las primeras décadas de este siglo, hemos sido testigos de un cambio tectónico en la forma en que la información se genera, se recolecta y se utiliza. Si el siglo XX fue la era de la industrialización y las máquinas físicas, el siglo XXI ha sido coronado como la era de los datos, un tiempo en el que cada clic, cada transacción, cada movimiento capturado por un sensor o una cámara genera un rastro digital que, acumulado, forma un océano de información tan vasto como abrumador. Este fenómeno, conocido como big data, no es simplemente una cuestión de volumen; es una nueva forma de existencia, donde miles de millones de puntos de datos —desde las compras en línea hasta los patrones de tráfico en las ciudades, pasando por las publicaciones en redes sociales y los registros médicos— se entrelazan para crear una imagen detallada de la vida humana en tiempo real. Sin embargo, este diluvio de datos sería poco más que un caos incomprensible sin las herramientas para darle sentido, y aquí es donde la inteligencia artificial entra en escena como el gran catalizador. La IA, con su capacidad para analizar patrones, aprender de ellos y hacer predicciones basadas en algoritmos sofisticados, ha convertido al big data en algo más que una curiosidad estadística: lo ha elevado a una fuente de poder estratégico, un recurso que puede ser explotado para anticipar crisis, optimizar sistemas y, en algunos casos, controlar el comportamiento humano. En este contexto, el siglo XXI se ha convertido en un campo de batalla silencioso donde gobiernos, corporaciones e incluso individuos compiten por dominar esta nueva moneda de cambio. Los gobiernos utilizan el big data y la IA para rastrear amenazas a la seguridad nacional, desde el terrorismo hasta la desinformación en línea, mientras que las empresas lo emplean para predecir las tendencias del mercado, personalizar la publicidad y maximizar la eficiencia operativa. Ejemplos de esta transformación abundan: los sistemas de recomendación de Netflix que sugieren películas basadas en hábitos de visualización, los mapas de Google que predicen el tráfico en tiempo real, o incluso los drones militares que identifican objetivos con una precisión escalofriante gracias a modelos de IA entrenados con datos masivos. Pero este avance no viene sin代价; la creciente importancia del big data y la IA también ha dado lugar a una nueva realidad, una en la que la línea entre la conveniencia y la vigilancia se vuelve cada vez más borrosa, donde la capacidad de predecir el futuro choca con las preguntas éticas sobre quién tiene derecho a mirar dentro de nuestras vidas y con qué propósito. En este paisaje, la privacidad se ha convertido en un bien preciado y escaso, mientras que el poder se concentra en manos de aquellos que pueden recolectar, procesar y actuar sobre la información más rápido y con mayor eficacia. Es un mundo donde las decisiones ya no dependen solo de la intuición humana o de los datos limitados de una hoja de cálculo, sino de sistemas capaces de digerir terabytes de información en segundos y ofrecer respuestas que a menudo superan la comprensión de sus propios creadores. Este es el telón de fondo contra el cual Palantir Technologies ha florecido, una empresa que no solo ha abrazado esta revolución, sino que ha ayudado a moldearla, llevando el análisis de datos más allá de los límites tradicionales y posicionándose como un puente entre la promesa de la tecnología y los desafíos prácticos del mundo real. Mientras el big data y la IA han pasado de ser conceptos abstractos a herramientas omnipresentes en la vida cotidiana —desde la gestión de pandemias como el COVID-19 hasta la planificación urbana y la lucha contra el crimen—, Palantir ha surgido como un actor central, capitalizando la necesidad de dar sentido a este caos digital y convirtiéndose en un símbolo de cómo estas tecnologías pueden ser tanto una bendición como una carga. Este libro no puede entenderse sin reconocer este contexto: Palantir no es un fenómeno aislado, sino un producto directo de una era en la que los datos y la inteligencia artificial han reescrito las reglas del juego, transformando no solo cómo funcionan las instituciones, sino cómo percibimos la realidad misma. Al explorar a Palantir, exploramos también este mundo nuevo y extraño que hemos creado, un mundo donde la información es abundante, pero la sabiduría sigue siendo esquiva, y donde el potencial para el progreso coexiste con el riesgo de un control sin precedentes.

En el corazón de este libro yace una pregunta central que no solo define la narrativa de Palantir Technologies, sino que también resuena como un eco de los dilemas más profundos de nuestra era: ¿Es Palantir un pionero visionario, un faro de innovación que ilumina el camino hacia un futuro más seguro y eficiente, o un gigante controvertido, una entidad cuyos tentáculos tecnológicos desafían los límites de la privacidad y el poder en formas que nos obligan a cuestionar el costo de su progreso? Esta interrogante no es mera retórica; es una invitación a examinar a Palantir desde todos los ángulos posibles, a despojarla de las simplificaciones binarias y a sumergirse en la complejidad de lo que representa en un mundo saturado de datos y hambre de control. Por un lado, la historia de Palantir puede leerse como un relato triunfal de genialidad humana y audacia tecnológica. Desde sus humildes comienzos en 2003, cuando un grupo de emprendedores liderados por Peter Thiel y Alex Karp apostó por usar la informática para resolver problemas que parecían insolubles, hasta su transformación en una empresa valorada en miles de millones tras su debut en bolsa en 2020, Palantir ha demostrado una capacidad única para convertir el caos del big data en claridad actionable. Sus herramientas —como Gotham, que ayudó a desmantelar redes terroristas tras el 11 de septiembre, o Foundry, que ha optimizado cadenas de suministro globales— son testimonio de una visión que ve en la tecnología no solo una herramienta, sino una extensión de la mente humana, capaz de anticipar amenazas, prevenir desastres y acelerar el progreso en campos tan diversos como la defensa, la salud y las finanzas. Quienes defienden a Palantir lo ven como un pionero indispensable, una fuerza que ha permitido a gobiernos proteger a sus ciudadanos, a empresas prosperar en un mercado ferozmente competitivo y a la humanidad enfrentar desafíos existenciales como pandemias y conflictos globales. En este sentido, Palantir podría ser comparado con los grandes inventores de la historia —los Edison o los Einstein del análisis de datos—, una entidad que ha empujado los límites de lo posible y ha ofrecido soluciones donde otros solo veían problemas. Sin embargo, esta narrativa de heroísmo tecnológico tiene un contrapunto igualmente poderoso y perturbador. Para sus críticos, Palantir no es un salvador, sino un coloso que camina sobre una línea peligrosa, desafiando los principios fundamentales de la privacidad, la autonomía individual y el equilibrio de poder. Su trabajo con agencias como la CIA, el FBI y el Servicio de Inmigración y Control de Aduanas (ICE) de Estados Unidos ha generado acusaciones de vigilancia masiva, de ser una especie de "Gran Hermano" corporativo que convierte los datos personales en armas de control estatal. Las imágenes de protestas frente a sus oficinas, los titulares que lo llaman "el Google de los espías" y las denuncias de activistas que señalan su papel en operaciones como la deportación de inmigrantes indocumentados pintan un retrato de una empresa cuyos avances tecnológicos podrían estar socavando las libertades que dice proteger. ¿Qué significa que una entidad privada tenga el poder de rastrear movimientos, predecir comportamientos y alimentar bases de datos que gobiernos y corporaciones usan para tomar decisiones trascendentales? ¿Es aceptable que una compañía acumule tal influencia en un mundo donde la transparencia sobre cómo se usan esos datos sigue siendo escasa? Estas preguntas no tienen respuestas fáciles, y ese es precisamente el punto: Palantir existe en una zona gris, un espacio donde la línea entre héroe y villano se desdibuja, donde la innovación y la intrusión coexisten en una danza incómoda. Este libro no pretende resolver esta dicotomía con un veredicto definitivo, sino abrirla al escrutinio, invitando al lector a considerar ambas caras de la moneda. ¿Es Palantir un reflejo de nuestro deseo de dominar el caos a cualquier precio, o un recordatorio de los peligros de ceder demasiado control a quienes prometen seguridad? ¿Es su tecnología una extensión de nuestra curiosidad y ambición, o una herramienta que, en las manos equivocadas, podría redefinir la relación entre el individuo y quienes lo gobiernan? A lo largo de estas páginas, exploraremos los hechos —su historia, sus logros, sus fracasos y sus controversias— para que el lector pueda formar su propio juicio. Pero una cosa es segura: Palantir no es solo una empresa; es un símbolo, un espejo que refleja nuestras esperanzas y temores sobre el poder de la tecnología en el siglo XXI, y esta pregunta central será el hilo conductor que nos guíe a través de su intrincado legado, desafiándonos a mirar más allá de las respuestas simples y a confrontar las implicaciones de un mundo donde el conocimiento es omnipresente, pero la sabiduría sigue siendo esquiva.

CAPÍTULO 1: ORÍGENES Y FUNDACIÓN

LOS FUNDADORES: PETER THIEL, ALEX KARP, JOE LONSDALE, NATHAN GETTINGS Y STEPHEN COHEN

La génesis de Palantir Technologies no puede entenderse sin adentrarse en las mentes y personalidades de sus fundadores, un grupo ecléctico de visionarios cuya diversidad de talentos y perspectivas dio forma a una empresa destinada a desafiar las convenciones del mundo tecnológico. En el núcleo de este equipo estaban Peter Thiel, Alex Karp, Joe Lonsdale, Nathan Gettings y Stephen Cohen, cinco individuos que, en 2003, se unieron con un propósito común: construir una herramienta que pudiera aprovechar el poder de los datos para resolver problemas complejos y, en última instancia, cambiar el curso de cómo las instituciones humanas enfrentan las incógnitas del siglo XXI. Cada uno aportó algo único a la mesa —desde la audacia empresarial y la filosofía libertaria hasta la destreza técnica y la curiosidad intelectual—, y juntos forjaron una organización que reflejaba tanto sus ambiciones colectivas como las tensiones inherentes a sus personalidades dispares. Este capítulo comienza explorando quiénes eran estos fundadores, qué los llevó a unirse en este empeño y cómo sus antecedentes moldearon los cimientos de lo que eventualmente se convertiría en una de las empresas más influyentes y controvertidas de la era del big data.

Influencia De Thiel Como Emprendedor Libertario Y Exfundador De Paypal

Peter Thiel, el primero y más prominente de los fundadores, es una figura que trasciende la mera categoría de emprendedor para convertirse en un símbolo del pensamiento contracorriente y la ambición desenfrenada que caracteriza a Silicon Valley en su apogeo. Nacido en 1967 en Frankfurt, Alemania, y criado en California tras la inmigración de su familia, Thiel se destacó desde joven como un prodigio intelectual y un provocador ideológico. Graduado en filosofía por la Universidad de Stanford y luego en derecho por la misma institución, su trayectoria no lo llevó a los tribunales o la academia, sino al arriesgado mundo de las startups tecnológicas. Antes de Palantir, Thiel ya había dejado una marca indeleble como cofundador de PayPal, una empresa que revolucionó los pagos en línea y lo catapultó a la fama tras su venta a eBay en 2002 por $1.5 mil millones. Este éxito no fue casualidad; reflejaba su capacidad para identificar oportunidades donde otros veían obstáculos y su creencia en que la tecnología podía alterar sistemas establecidos, desde las finanzas hasta la burocracia. Como libertario declarado, Thiel abogaba por un mundo donde los individuos y las empresas pudieran operar con mínima intervención gubernamental, una filosofía que impregnó su enfoque hacia Palantir desde el principio. Sin embargo, su libertarianismo no era un rechazo absoluto al gobierno, sino una apuesta por reformarlo desde afuera, utilizando herramientas tecnológicas para hacerlo más eficiente y efectivo. En Palantir, esta visión se tradujo en un enfoque inicial para detectar fraudes financieros —un problema que había enfrentado en PayPal— y luego en una misión más amplia: empoderar a las instituciones con datos para tomar decisiones rápidas y precisas, ya fuera en el ámbito privado o público. Thiel no solo aportó su intelecto y experiencia, sino también una parte significativa del capital inicial, inyectando $30 millones de su fortuna personal para dar vida al proyecto. Su influencia fue más allá del dinero; como líder estratégico, Thiel trajo una red de contactos invaluable, incluyendo conexiones con la comunidad de inteligencia de Estados Unidos, y una mentalidad que veía a Palantir como algo más que una empresa: un experimento para probar los límites de la tecnología y la libertad en un mundo cada vez más interconectado. Su estilo —una mezcla de reflexión filosófica sobre el futuro de la humanidad y pragmatismo empresarial— marcó el tono de la empresa, infundiéndole una ambición que iba más allá de la mera ganancia económica y apuntaba a redefinir el poder mismo en la era digital.

La Visión De Karp Como Líder Filosófico Y Pragmático

Si Peter Thiel era el cerebro estratégico y el inversor visionario de Palantir, Alex Karp era el alma, el líder carismático cuya mezcla única de idealismo filosófico y pragmatismo operativo mantuvo a la empresa unida en sus primeros años y más allá. Nacido en 1967 en Nueva York, hijo de un pediatra y una artista, Karp parecía destinado a una vida alejada de los reflectores tecnológicos. Con un doctorado en filosofía neoclásica de la Universidad de Frankfurt, bajo la tutela del célebre pensador Jürgen Habermas, Karp era un intelectual en el sentido más puro: un hombre obsesionado con las grandes preguntas sobre la ética, la justicia y el papel de la humanidad en un mundo complejo. Sin embargo, su camino dio un giro inesperado cuando conoció a Thiel, un compañero de Stanford con quien compartía una amistad improbable pero profunda. A diferencia de Thiel, Karp no tenía experiencia directa en tecnología o negocios al unirse a Palantir; lo que ofrecía era una capacidad singular para articular una misión que resonara tanto con los ingenieros como con los clientes potenciales. Como director ejecutivo desde los inicios de la empresa, Karp se convirtió en la voz pública de Palantir, un líder que combinaba discursos apasionados sobre la responsabilidad moral de la tecnología con una voluntad férrea para cerrar tratos y enfrentar críticas. Su visión para Palantir era profundamente filosófica: veía a la empresa como una herramienta para ayudar a los humanos a navegar el caos del mundo moderno, no solo resolviendo problemas prácticos, sino también enfrentando dilemas existenciales como la seguridad y la libertad. A diferencia de muchos CEOs tecnológicos que se esconden tras jerga corporativa, Karp era directo y a menudo polémico, defendiendo el trabajo de Palantir con gobiernos —incluso frente a protestas— con argumentos que mezclaban pragmatismo ("alguien tiene que hacer este trabajo") y principios ("la tecnología puede salvar vidas"). Esta dualidad lo hacía magnético pero también divisivo; mientras algunos lo veían como un líder inspirador que mantenía a Palantir enfocada en su misión, otros lo consideraban un apologista de prácticas cuestionables. En los primeros días, su papel fue crucial para equilibrar la ambición de Thiel con la realidad operativa, asegurándose de que la empresa no solo soñara en grande, sino que entregara resultados tangibles. Karp aportó una sensibilidad humana al núcleo técnico de Palantir, insistiendo en que la tecnología debía servir a las personas y no al revés, una postura que, aunque a veces contradicha por las acciones de la empresa, definió su identidad en un mercado saturado de competidores más fríos y calculadores.

Los Otros Pilares: Lonsdale, Gettings Y Cohen

El trío restante —Joe Lonsdale, Nathan Gettings y Stephen Cohen— completaba el equipo fundador con una mezcla de habilidades técnicas y emprendedoras que dieron a Palantir su base operativa. Joe Lonsdale, otro exalumno de Stanford y colaborador de Thiel en PayPal, aportó una mente aguda para los negocios y la tecnología, ayudando a diseñar los primeros sistemas de Palantir y luego fundando otras empresas exitosas como Addepar. Nathan Gettings, menos conocido públicamente, era un ingeniero talentoso cuya experiencia en software fue esencial para convertir las ideas abstractas en código funcional. Stephen Cohen, también de Stanford, unió su destreza técnica con una visión estratégica, desempeñando un papel clave en los primeros productos y en la cultura de innovación de la empresa. Juntos, estos cinco fundadores formaron un equipo que combinaba filosofía, finanzas y tecnología, sentando las bases para una organización que no solo sobreviviría, sino que prosperaría en un mundo lleno de incertidumbre.

AÑO DE FUNDACIÓN: 2003, EN PALO ALTO, CALIFORNIA

El nacimiento de Palantir Technologies en 2003 no fue un evento aislado ni fortuito; fue un momento cuidadosamente orquestado que ocurrió en el epicentro de la innovación tecnológica mundial, Palo Alto, California, en un año que marcó un punto de inflexión tanto para la industria tecnológica como para el panorama global. Situado en el corazón de Silicon Valley, Palo Alto no era simplemente una ciudad; era un símbolo, un crisol donde las ideas más audaces del mundo se transformaban en realidades disruptivas, un lugar que había dado origen a gigantes como Hewlett-Packard, Xerox PARC y, más recientemente, empresas de la era de internet como Google. En 2003, este pequeño enclave al sur de San Francisco estaba en plena efervescencia, emergiendo de las cenizas de la burbuja de las puntocom que había estallado apenas tres años antes. Mientras muchas startups de la era de los 90 yacían en ruinas tras el colapso financiero de 2000, una nueva generación de emprendedores comenzaba a levantarse, armada con lecciones aprendidas y una determinación renovada para construir empresas que no solo sobrevivieran, sino que redefinieran el futuro. Fue en este contexto de resurgimiento y reflexión que Peter Thiel, Alex Karp y sus cofundadores eligieron lanzar Palantir, una decisión que reflejaba tanto las oportunidades del momento como las profundas necesidades de un mundo que aún se tambaleaba tras los eventos del 11 de septiembre de 2001.

El año 2003 no era cualquier año; era un tiempo

de transición y tensión global. Los ataques terroristas en Nueva York y Washington habían sacudido a Estados Unidos y al mundo entero, dejando tras de sí una sensación de vulnerabilidad que permeaba desde los hogares cotidianos hasta los más altos niveles del gobierno. En respuesta, la administración estadounidense bajo George W. Bush había lanzado la Guerra contra el Terror, una campaña que no solo involucraba operaciones militares en Afganistán e Irak, sino también una reestructuración masiva de la inteligencia y la seguridad nacional. La creación del Departamento de Seguridad Nacional, la aprobación de la Ley Patriota y el aumento exponencial de los presupuestos para agencias como la CIA y el FBI señalaban una nueva era en la que la información se convirtió en el arma más valiosa contra amenazas invisibles. Sin embargo, las herramientas existentes para procesar esa información eran inadecuadas: los sistemas de inteligencia estaban fragmentados, los datos eran abundantes pero desorganizados, y la capacidad para conectar puntos entre montañas de informes seguía dependiendo en gran medida de procesos manuales y lentos. Fue en este vacío donde Palantir encontró su propósito inicial, una empresa concebida para abordar un problema que el gobierno —y el mundo— no podía ignorar: cómo transformar el caos de los datos en respuestas accionables con la rapidez que exigía una era de incertidumbre.

Palo Alto, en 2003, ofrecía el entorno perfecto para este ambicioso proyecto. Más allá de su legado como cuna de la tecnología, la ciudad estaba impregnada de una cultura de colaboración y riesgo que atraía a los mejores ingenieros, inversionistas y pensadores del mundo. Las calles de Palo Alto estaban llenas de cafeterías donde se discutían ideas revolucionarias, oficinas improvisadas en garajes que albergaban startups nacientes y una red de capital de riesgo que, aunque cautelosa tras la burbuja puntocom, seguía buscando la próxima gran innovación. Para Thiel, un veterano de Silicon Valley tras su éxito con PayPal, este era un terreno familiar; sabía cómo navegar sus dinámicas y aprovechar sus recursos. La elección de Palo Alto como base no fue solo práctica, sino simbólica: Palantir se establecería en el mismo suelo que había dado vida a algunas de las transformaciones tecnológicas más significativas del siglo XX, un lugar donde el espíritu de inventiva aún ardía con fuerza incluso después de los reveses económicos recientes. Además, la proximidad a Stanford, la alma mater de varios de los fundadores, aseguraba acceso a un flujo constante de talento joven y brillante, ingenieros y programadores ansiosos por dejar su huella en el mundo.

El acto de fundar Palantir en 2003 también reflejaba el estado de la industria tecnológica en ese momento. La caída de las puntocom había purgado a muchas empresas efímeras basadas en hype y promesas vacías, dejando espacio para proyectos con fundamentos más sólidos y propósitos claros. Palantir no era una red social ni un sitio de comercio electrónico diseñado para capturar la atención fugaz de los consumidores; era una empresa con una misión técnica y estratégica, enfocada en resolver problemas reales y complejos. En este sentido, su fundación marcó un alejamiento de la frivolidad de la primera ola de internet y un giro hacia lo que algunos han llamado la "tecnología seria" —herramientas diseñadas no para entretener, sino para empoderar a instituciones y enfrentar desafíos de escala global. El año 2003, por lo tanto, no fue solo una fecha en el calendario; fue un punto de partida en el que convergieron el trauma del 11 de septiembre, la recuperación de Silicon Valley y la visión de un grupo de fundadores que vieron en los datos una oportunidad para cambiar el mundo.

La fundación de Palantir en Palo Alto también estuvo marcada por una modestia inicial que contrastaba con su ambición descomunal. En sus primeros días, la empresa operaba desde oficinas pequeñas y discretas, lejos del glamour de las sedes corporativas que llegarían más tarde. Sus recursos eran limitados, su equipo era reducido, y su futuro era incierto. Sin embargo, lo que le faltaba en infraestructura lo compensaba con una claridad de propósito y una alineación única con las necesidades del momento histórico. Desde esas oficinas en Palo Alto, los fundadores comenzaron a trazar un camino que los llevaría de ser un experimento tecnológico a convertirse en un pilar de la inteligencia moderna, un viaje que comenzó con una idea simple pero poderosa: en un mundo inundado de información, quienes pudieran darle sentido tendrían el poder de moldear el futuro. La fundación de Palantir en 2003, en el corazón de Silicon Valley, no fue solo el nacimiento de una empresa; fue el comienzo de una revolución que reverberaría a través de los años, transformando no solo cómo se usan los datos, sino cómo percibimos el equilibrio entre seguridad, poder y libertad en el siglo XXI.

INSPIRACIÓN DEL NOMBRE: LAS "PALANTÍRI" DE EL

SEÑOR DE LOS ANILLOS DE J.R.R. TOLKIEN, PIEDRAS QUE PERMITEN VER A TRAVÉS DEL TIEMPO Y EL ESPACIO — UNA METÁFORA DE SU MISIÓN

El nombre "Palantir" no fue una elección casual ni un capricho pasajero de sus fundadores; fue una declaración de intenciones, un eco deliberado de una fuente tan rica en simbolismo como en ambición: las *palantíri*, las misteriosas piedras videntes de *El Señor de los Anillos*, la obra maestra de J.R.R. Tolkien. En el universo ficticio de la Tierra Media, estas esferas de cristal oscuro, creadas por los antiguos elfos de Numenor, eran artefactos de poder extraordinario, capaces de permitir a sus usuarios ver eventos distantes en el espacio y el tiempo, conectando reinos separados por vastas extensiones y revelando secretos ocultos a simple vista. Sin embargo, las *palantíri* no eran herramientas benignas; su uso venía con riesgos, pues podían ser manipuladas, tergiversar la verdad o caer en manos equivocadas, como lo hicieron con Sauron, el Señor Oscuro, quien las utilizó para engañar y controlar. Al elegir este nombre en 2003, los fundadores de Palantir —en particular Peter Thiel, un hombre conocido por su inclinación hacia las ideas grandiosas y las referencias culturales profundas— no solo rindieron homenaje a una de las obras literarias más influyentes del siglo XX, sino que también establecieron una metáfora poderosa y multifacética para la misión que buscaban cumplir: construir una tecnología que, como las piedras videntes, pudiera penetrar el velo de la incertidumbre, ofrecer claridad en un mundo caótico y, al mismo tiempo, plantear preguntas sobre el poder y la responsabilidad inherentes a tal visión.

La conexión con Tolkien no era mera erudición geek o un guiño superficial a una base de fans; reflejaba una comprensión profunda de lo que Palantir aspiraba a ser en un mundo que, en 2003, estaba lidiando con las secuelas del 11 de septiembre y una sensación palpable de vulnerabilidad global. En *El Señor de los Anillos*, las *palantíri* eran instrumentos de conocimiento, utilizadas por reyes y guardianes para proteger sus tierras, detectar amenazas y coordinar defensas frente a un enemigo que operaba en las sombras. De manera similar, Palantir Technologies se fundó con la idea de crear un sistema que permitiera a sus usuarios — inicialmente gobiernos y agencias de inteligencia— "ver" más allá de las limitaciones humanas, conectando puntos entre datos dispersos para revelar patrones, prevenir ataques y anticipar crisis. La elección del nombre evocaba esta capacidad casi mítica de trascender el tiempo y el espacio, no en un sentido literal, sino en el ámbito de la información: una tecnología que podía mirar a través de las vastas extensiones de datos generados por la sociedad moderna y extraer significado donde antes solo había ruido. En palabras de Alex Karp, quien más tarde reflexionaría sobre la misión de la empresa, Palantir estaba destinada a ser "una herramienta para los humanos que necesitan tomar decisiones en un mundo donde la información es abrumadora", una descripción que resuena con la imagen de un rey de Tolkien mirando en una *palantír* para guiar a su pueblo.

Sin embargo, la referencia a las *palantíri* también llevaba consigo una advertencia implícita, una que los fundadores, con su mezcla de idealismo y pragmatismo, no podían haber pasado por alto. En la obra de Tolkien, las piedras eran tanto un don como una maldición. Si bien ofrecían visión, también eran susceptibles a la corrupción; Sauron manipuló lo que sus usuarios veían, alimentándolos con verdades a medias o visiones distorsionadas que servían a sus propios fines. Esta dualidad no pasó desapercibida para los críticos de Palantir en años posteriores, quienes señalarían la ironía de un nombre que evocaba no solo conocimiento, sino también control y vigilancia potencialmente invasiva. Desde el principio, el nombre insinuaba una tensión fundamental en el corazón de la empresa: la capacidad de "ver" a través del tiempo y el espacio —en este caso, a través de bases de datos, registros y redes— era una promesa de poder, pero también un recordatorio de los riesgos de abuso o malentendido. ¿Era Palantir un guardián benevolente, como los elfos que forjaron las piedras, o podía convertirse en un instrumento de dominación, como Sauron lo había hecho? Esta ambigüedad, intencional o no, convirtió el nombre en una profecía autocumplida, un reflejo de las controversias que seguirían a la empresa a medida que su tecnología se entrelazaba con los mundos de la seguridad nacional y el sector privado.

La elección del nombre también decía mucho sobre la cultura y las personalidades de los fundadores, especialmente de Thiel, cuya fascinación por las grandes narrativas y los mitos modernos era bien conocida. Thiel, un lector voraz y un pensador que a menudo citaba filósofos como René Girard junto a obras de ciencia ficción y fantasía, veía en Tolkien una fuente de inspiración que iba más allá de lo literario. Para él, *El*

Señor de los Anillos no era solo una historia, sino una meditación sobre el poder, la tecnología y el destino humano —temas que resonaban con su propia visión de lo que la tecnología podía lograr en el siglo XXI. Nombrar a la empresa "Palantir" era un acto de audacia intelectual, una forma de elevar su proyecto por encima de las startups mundanas de Silicon Valley y alinearlo con una tradición de ideas grandiosas. También reflejaba el espíritu de la época: en 2003, Silicon Valley estaba lleno de emprendedores que se veían a sí mismos como constructores de un nuevo mundo, y las referencias a la cultura popular —especialmente a obras como las de Tolkien, que habían ganado renovada atención con las adaptaciones cinematográficas de Peter Jackson— eran una manera de conectar sus ambiciones con un zeitgeist más amplio.

Desde un punto de vista práctico, el nombre "Palantir" también tenía un atractivo funcional: era distintivo, memorable y sugería misterio y capacidad, cualidades que podían atraer tanto a inversionistas como a clientes potenciales. Cuando la empresa comenzó a buscar financiamiento y a presentarse a agencias gubernamentales, el nombre evocaba una sensación de propósito elevado, diferenciándola de competidores con títulos más genéricos o técnicos. Pero más allá de su valor de marca, "Palantir" encapsulaba la misión de la empresa en una metáfora poética: al igual que las *palantíri* permitían a sus usuarios ver más allá de los límites físicos, Palantir Technologies buscaba trascender las barreras de la información fragmentada, ofreciendo una visión unificada que podía cambiar la forma en que el mundo enfrentaba sus desafíos más apremiantes. Esta conexión entre el nombre y la misión no era solo un artificio literario; se convirtió en un principio guía que moldeó el desarrollo de sus primeras herramientas y su enfoque hacia el análisis de datos como una forma de conocimiento casi sobrenatural.

Con el tiempo, el nombre "Palantir" se convertiría en algo más que una curiosidad de sus orígenes; sería un punto de referencia para debates sobre su impacto y ética. Para sus defensores, representaba la promesa de una tecnología que podía iluminar las sombras del mundo moderno; para sus detractores, era un recordatorio ominoso de los peligros de ver demasiado, de un poder que podía ser tan destructivo como constructivo. En 2003, sin embargo, cuando la empresa dio sus primeros pasos en Palo Alto, el nombre era simplemente una chispa —un destello de inspiración que capturaba la imaginación de sus fundadores y presagiaba la extraordinaria trayectoria que estaba por venir. Al nombrar a su creación "Palantir", Thiel, Karp y sus socios no solo eligieron una identidad; plantaron una bandera en el terreno de la mitología moderna, declarando que su empresa no sería una participante más en la revolución tecnológica, sino un símbolo de lo que esa revolución podía lograr, para bien o para mal.

PRIMEROS DÍAS: FINANCIAMIENTO INICIAL DE IN-Q-TEL (BRAZO DE INVERSIÓN DE LA CIA) CON $2 MILLONES Y $30 MILLONES DE THIEL; ENFOQUE INICIAL EN DETECTAR FRAUDES EN PAYPAL ANTES DE PIVOTAR HACIA LA INTELIGENCIA GUBERNAMENTAL

Los primeros días de Palantir Technologies, tras su fundación en 2003, fueron un período de incertidumbre, experimentación y determinación feroz, un capítulo en el que la empresa pasó de ser una idea ambiciosa en la mente de sus fundadores a una entidad tangible con recursos, objetivos y un camino hacia el impacto real. En un pequeño espacio de oficinas en Palo Alto, rodeado por el bullicio de Silicon Valley y el eco aún fresco del colapso de las puntocom, Peter Thiel, Alex Karp y sus cofundadores comenzaron a dar vida a su visión. Sin embargo, como cualquier startup naciente, Palantir necesitaba más que ideas para sobrevivir: requería capital, dirección y un problema concreto que resolver. En estos primeros días, la empresa encontró su sustento inicial a través de una combinación de financiamiento estratégico y una misión técnica heredada del pasado de Thiel, sentando las bases para un crecimiento que pronto la llevaría a terrenos inesperados. Este período, aunque humilde en comparación con el gigante que Palantir se convertiría, fue crucial, un tiempo en el que se forjaron las alianzas, las capacidades y las decisiones que definirían su trayectoria durante las próximas dos décadas.

El financiamiento inicial de Palantir llegó de dos fuentes principales que reflejaban tanto la audacia de sus fundadores como el contexto único de la época. La primera y más sustancial contribución provino de Peter Thiel mismo, quien, fresco del éxito de la venta de PayPal a eBay por $1.5 mil millones en 2002, invirtió $30 millones de su fortuna personal en la naciente empresa. Este no fue un gesto menor; en una era en la que los inversionistas aún se mostraban cautelosos tras el estallido de la burbuja tecnológica, la apuesta de Thiel era una señal de confianza absoluta en la visión de Palantir y en su potencial para trascender las limitaciones de las startups tradicionales. Su inversión no solo proporcionó el capital necesario para contratar ingenieros, construir infraestructura y desarrollar software, sino que también envió un mensaje al ecosistema de Silicon Valley: Palantir no era un experimento pasajero, sino un proyecto respaldado por uno de los emprendedores más exitosos y visionarios de su generación. Sin embargo, Thiel no estaba solo en esta apuesta inicial. El segundo respaldo financiero vino de una fuente menos convencional pero igualmente reveladora: In-Q-Tel, el brazo de inversión de la Agencia Central de Inteligencia (CIA), que aportó $2 millones en una ronda temprana. Fundada en 1999 para conectar a la comunidad de inteligencia de Estados Unidos con innovaciones tecnológicas emergentes, In-Q-Tel era una entidad que buscaba soluciones a problemas críticos de seguridad nacional, especialmente tras los ataques del 11 de septiembre de 2001. Aunque $2 millones palidecían frente a la contribución de Thiel, la participación de In-Q-Tel tenía un peso simbólico y estratégico inmenso. No solo legitimaba a Palantir como una empresa con aplicaciones prácticas para el gobierno, sino que también abría una puerta directa a uno de los clientes más poderosos e influyentes del mundo: la CIA. Esta alianza temprana no fue una sorpresa total dado el historial de Thiel y su red de contactos, pero marcó a Palantir desde el principio con una identidad dual: una startup tecnológica con raíces en Silicon Valley, pero con un ojo firmemente puesto en los corredores del poder en Washington.

En sus primeros días, el enfoque técnico de Palantir estaba profundamente influenciado por la experiencia previa de Thiel y varios de sus cofundadores en PayPal. Durante su tiempo en esa empresa, conocida originalmente como Confinity, el equipo había enfrentado un desafío persistente y costoso: el fraude financiero. En los albores del comercio electrónico, PayPal había sido un objetivo constante para estafadores que explotaban las transacciones en línea, desde el lavado de dinero hasta el robo de identidad. Detectar y prevenir estas actividades requería algo más que reglas básicas o intervención humana; demandaba un sistema capaz de analizar grandes volúmenes de datos de transacciones, identificar patrones anómalos y actuar rápidamente para mitigar las pérdidas. Thiel, junto con ingenieros como Joe Lonsdale y Stephen Cohen, había desarrollado algoritmos y técnicas rudimentarias para combatir este problema en PayPal, pero las soluciones eran imperfectas, limitadas por la tecnología de la época y la falta de un enfoque integrado. Cuando fundaron Palantir, los cofundadores vieron una oportunidad para llevar esta experiencia al siguiente nivel. Su primer objetivo fue construir una herramienta que refinara y ampliara esas capacidades antifraude, un sistema que pudiera no solo detectar actividades ilícitas en el ámbito financiero, sino también hacerlo a una escala y con una precisión que PayPal nunca había logrado. Este enfoque inicial estaba dirigido principalmente al sector privado —bancos, instituciones financieras y empresas de comercio electrónico— donde el fraude representaba una amenaza multimillonaria. En las oficinas de Palo Alto, un pequeño equipo de ingenieros comenzó a trabajar en un software que combinaba análisis de datos avanzado con interfaces intuitivas, permitiendo a los usuarios humanos investigar anomalías sin perderse en la complejidad de los números. Era un comienzo modesto, pero uno que aprovechaba el ADN técnico de los fundadores y establecía las bases para lo que vendría después.

Sin embargo, el destino de Palantir no estaba en permanecer como una herramienta exclusivamente comercial. El pivote hacia la inteligencia gubernamental, que definiría gran parte de su historia temprana y futura, comenzó a gestarse casi desde el principio, impulsado tanto por el financiamiento de In-Q-Tel como por el contexto histórico post-11 de septiembre. Mientras el equipo trabajaba en su tecnología antifraude, el mundo exterior estaba cambiando rápidamente. Los ataques terroristas habían expuesto las debilidades de los sistemas de inteligencia estadounidenses: bases de datos fragmentadas, comunicaciones lentas entre agencias y una incapacidad para conectar información crucial que podría haber prevenido la tragedia. En este ambiente de urgencia, la CIA y otras agencias estaban desesperadas por soluciones tecnológicas que pudieran cerrar esas brechas. In-Q-Tel, al invertir en Palantir, no solo proporcionó dinero, sino también un desafío implícito: adaptar su tecnología para abordar problemas mucho más grandes que el fraude financiero. Los fundadores, particularmente Thiel con su visión pragmática y su interés en la seguridad nacional, reconocieron esta oportunidad. Lo que había comenzado como un sistema para rastrear transacciones sospechosas evolucionó rápidamente hacia algo más ambicioso: una plataforma capaz de analizar datos masivos y dispares —mensajes interceptados, registros de viaje, informes de campo—para identificar amenazas terroristas y redes criminales. Este cambio no fue solo técnico, sino filosófico; Palantir dejó de ser una empresa enfocada en proteger ganancias corporativas para convertirse en una que buscaba proteger vidas y naciones.

El pivote hacia la inteligencia gubernamental se consolidó cuando Palantir comenzó a trabajar directamente con la CIA, utilizando su software para probar conceptos en escenarios del mundo real. Los detalles de estos primeros proyectos permanecen en gran parte clasificados, pero se sabe que la tecnología impresionó lo suficiente como para atraer más contratos y atención del gobierno. Lo que había sido un sistema diseñado para detectar fraudes en PayPal ahora estaba siendo utilizado para rastrear células terroristas, mapear redes de espionaje y prevenir ataques, un salto que llevó a Palantir de las oficinas de Silicon Valley a las salas de operaciones en Langley. Este giro marcó el verdadero comienzo de su ascenso, transformándola de una startup con un enfoque nicho a una empresa con un propósito global. Sin embargo, también sembró las semillas de las controversias futuras: al alinearse tan temprano con la comunidad de inteligencia, Palantir se vinculó irrevocablemente a debates sobre vigilancia, privacidad y poder que resonarían durante años.

En estos primeros días, con $32 millones en financiamiento inicial y una misión que evolucionaba rápidamente, Palantir era una entidad en transición, un equipo pequeño pero tenaz que estaba aprendiendo a navegar entre el mundo de las startups y el de la seguridad nacional. Las oficinas en Palo Alto buzzaban con actividad: ingenieros escribiendo código, reuniones con inversionistas y sesiones estratégicas con Thiel y Karp trazando el rumbo. Era un tiempo de prueba y error, de largas noches y grandes apuestas, pero también de un creciente sentido de propósito. Los $2 millones de In-Q-Tel y los $30 millones de Thiel no solo compraron servidores y salarios; compraron tiempo para que Palantir encontrara su lugar en un mundo que necesitaba desesperadamente lo que ofrecía. Desde esos humildes comienzos, la empresa comenzó a construir lo que eventualmente se convertiría en Gotham, su primera plataforma insignia, y a sentar las bases para una revolución en el análisis de datos que cambiaría el panorama tecnológico —y político— para siempre.

CAPÍTULO 2: TECNOLOGÍA Y PRODUCTOS PRINCIPALES

VISIÓN TECNOLÓGICA: INTEGRAR DATOS COMPLEJOS CON IA Y ANÁLISIS HUMANO PARA RESOLVER PROBLEMAS DEL MUNDO REAL

En el núcleo de Palantir Technologies yace una visión tecnológica que trasciende las meras herramientas y algoritmos para convertirse en una filosofía operativa, una forma de pensar que ha distinguido a la empresa desde sus inicios y ha impulsado su ascenso como líder en el análisis de datos. Esta visión, concebida por sus fundadores en 2003 y refinada a lo largo de los años, puede resumirse en una idea audaz pero elegante: integrar datos complejos con inteligencia artificial (IA) y análisis humano para resolver problemas del mundo real, transformando el caos de la información moderna en claridad práctica y accionable. En un mundo donde los datos se han multiplicado exponencialmente — generados por todo, desde transacciones financieras hasta sensores en campos de batalla, pasando por registros médicos y publicaciones en redes sociales —, Palantir no se contentó con simplemente procesar esa información; buscó dominarla, dándole sentido y poniéndola al servicio de quienes enfrentan desafíos que van desde la seguridad nacional hasta la optimización corporativa. Esta sección explora cómo esta visión tecnológica no solo definió la identidad de Palantir, sino que también marcó un punto de inflexión en cómo la tecnología puede abordar los dilemas más apremiantes de la humanidad, equilibrando la precisión de las máquinas con la intuición de las personas en un enfoque que sigue siendo tan revolucionario como controvertido.

Desde el principio, los fundadores de Palantir — liderados por Peter Thiel y Alex Karp— reconocieron una verdad fundamental sobre la era digital: los datos, aunque abundantes, eran en gran medida inútiles sin una manera de organizarlos, interpretarlos y actuar sobre ellos. En 2003, cuando la empresa dio sus primeros pasos, el panorama tecnológico estaba lleno de soluciones parciales: bases de datos que almacenaban información, programas estadísticos que generaban gráficos, y sistemas de inteligencia artificial primitivos que podían realizar tareas específicas pero carecían de flexibilidad. Sin embargo, estos enfoques eran fragmentados, incapaces de manejar la complejidad de problemas que involucraban múltiples fuentes de datos, formatos variados y objetivos dinámicos. Palantir vio en este caos una oportunidad. Su visión no era crear otra herramienta aislada, sino construir un sistema integrado que pudiera tomar conjuntos de datos vastos y dispares —estructurados como hojas de cálculo o desestructurados como correos electrónicos y videos— y fusionarlos en una imagen coherente. Pero lo que realmente diferenciaba a Palantir era su insistencia en no dejar este proceso únicamente en manos de las máquinas. Mientras muchas empresas tecnológicas de la época apostaban por la automatización total, Palantir adoptó un enfoque híbrido, combinando la potencia computacional de la IA con la capacidad humana para razonar, contextualizar y tomar decisiones éticas. Este matrimonio entre tecnología y humanidad no era un accidente, sino una declaración de principios: los datos podían revelar patrones, pero solo las personas podían entender su significado más profundo y decidir cómo actuar.

La implementación de esta visión tecnológica requería superar desafíos formidables, y Palantir lo hizo desarrollando un enfoque que se apoyaba en tres pilares fundamentales: integración de datos, inteligencia artificial avanzada y colaboración humano-máquina. Primero, la integración de datos significaba romper las barreras entre silos de información que tradicionalmente mantenían a las organizaciones atrapadas en ineficiencias. En lugar de forzar a los usuarios a adaptar sus sistemas existentes a una nueva plataforma, Palantir diseñó su tecnología para trabajar con lo que ya estaba allí, conectando bases de datos heredadas, archivos dispersos y flujos de datos en tiempo real en una red unificada. Este enfoque era especialmente crítico en contextos como la inteligencia gubernamental, donde una agencia podía tener acceso a interceptaciones telefónicas mientras otra poseía registros de viaje, pero ninguna podía ver la imagen completa sin una herramienta que las uniera. Segundo, la inteligencia artificial de Palantir no se limitaba a procesar datos; aprendía de ellos, identificando patrones, prediciendo tendencias y sugiriendo acciones basadas en modelos que evolucionaban con el tiempo. A diferencia de los sistemas de IA rígidos de la época, los algoritmos de Palantir eran flexibles, capaces de adaptarse a problemas únicos y cambiantes, desde rastrear redes terroristas hasta optimizar cadenas de suministro. Pero el tercer pilar —la colaboración humano-máquina— era el verdadero diferenciador. Palantir no buscaba reemplazar a los analistas humanos, sino empoderarlos, proporcionando interfaces intuitivas que permitían a los usuarios explorar datos, formular hipótesis y tomar decisiones informadas. Este enfoque, que Alex Karp a menudo describió como "aumentar la inteligencia humana en lugar de suplantarla", reflejaba una creencia en que las máquinas podían calcular, pero solo los humanos podían juzgar.

Esta visión tecnológica comenzó a tomar forma en los primeros productos de Palantir y se refinó con los años hasta convertirse en el núcleo de sus plataformas modernas. En sus inicios, cuando la empresa trabajaba en detectar fraudes financieros para clientes como bancos, esta integración de IA y análisis humano permitió a los investigadores no solo identificar transacciones sospechosas, sino también seguir pistas a través de redes complejas de actores, algo que los sistemas tradicionales no podían hacer. Cuando Palantir pivotó hacia la inteligencia gubernamental tras su asociación con In-Q-Tel y la CIA, esta misma filosofía se aplicó a problemas aún más grandes: conectar fragmentos de inteligencia para prevenir ataques terroristas, mapear amenazas cibernéticas o coordinar respuestas a crisis. A medida que la empresa crecía, su visión se expandió al sector privado, donde compañías como Morgan Stanley o Airbus usarían estas capacidades para analizar mercados, predecir demanda o gestionar operaciones globales. Lo que unía estos casos dispares era la promesa central de Palantir: resolver problemas del mundo real, no con soluciones genéricas, sino con una tecnología que se adaptaba a las necesidades específicas de cada usuario, ofreciendo claridad donde antes solo había confusión.

El impacto de esta visión no puede subestimarse. En un mundo donde la cantidad de datos generados diariamente había alcanzado proporciones inimaginables —según algunas estimaciones, más de 2.5 quintillones de bytes por día para la década de 2010—, Palantir se posicionó como un faro de orden en medio del diluvio. Su tecnología permitió a las organizaciones no solo sobrevivir a la sobrecarga de información, sino prosperar en ella, tomando decisiones más rápidas, más inteligentes y más efectivas. Por ejemplo, en el ámbito de la seguridad nacional, sus herramientas redujeron el tiempo necesario para identificar amenazas de semanas a minutos, un cambio que salvó vidas y evitó desastres. En el sector privado, empresas que antes luchaban por integrar datos de diferentes departamentos encontraron en Palantir una manera de alinear sus operaciones con una precisión casi quirúrgica. Sin embargo, esta capacidad también trajo consigo preguntas inevitables: ¿Qué significaba darle a una empresa privada el poder de "ver" tanto? ¿Cómo se equilibraba la eficiencia con la ética en un sistema que dependía de datos muchas veces sensibles o personales? Estas tensiones, inherentes a la visión tecnológica de Palantir, serían un tema recurrente en su historia, pero en sus fundamentos, la idea era clara: integrar datos complejos con IA y análisis humano no era solo un medio para resolver problemas, sino una nueva forma de entender el mundo.

A lo largo de los años, esta visión se materializó en las plataformas que definirían a Palantir —Gotham, Metropolis, Foundry y, más recientemente, AIP—, cada una diseñada para llevar esta filosofía a diferentes dominios. Pero en su esencia, la tecnología de Palantir seguía siendo un reflejo de aquella ambición inicial concebida en Palo Alto: un sistema que no se conformaba con observar el mundo, sino que buscaba cambiarlo, uniendo lo mejor de la mente humana y la máquina para enfrentar los desafíos más intratables de nuestra era. Este enfoque no solo catapultó a Palantir al éxito, sino que también lo convirtió en un referente en la intersección de la tecnología y la sociedad, un pionero cuyas innovaciones serían tan celebradas como debatidas en los años por venir.

PLATAFORMAS CLAVE

La visión tecnológica de Palantir Technologies, con su énfasis en integrar datos complejos, inteligencia artificial y análisis humano, encontró su expresión más tangible en una serie de plataformas que han definido el legado de la empresa y su impacto en el mundo. Estas herramientas —Palantir Gotham, Palantir Metropolis, Palantir Foundry y, más recientemente, Palantir AIP (Artificial Intelligence Platform)— no son meros productos de software; son manifestaciones de una filosofía que busca transformar la manera en que las organizaciones, desde agencias gubernamentales hasta corporaciones globales, enfrentan los desafíos del siglo XXI. Cada plataforma fue diseñada con un propósito específico, adaptándose a las necesidades únicas de sus usuarios mientras mantenía el núcleo de la visión de Palantir: ofrecer claridad en medio de la incertidumbre, empoderar decisiones críticas y resolver problemas que antes parecían intratables. En esta sección, exploraremos estas plataformas clave en profundidad, desentrañando su desarrollo, sus capacidades y los casos reales que ilustran su poder, así como las implicaciones de su uso en un mundo cada vez más interconectado y vigilado.

1. Palantir Gotham: Diseñada Para Inteligencia Y Antiterrorismo, Usada Por Agencias Como La Cia Y El Departamento De Defensa De Ee.uu.

La primera y más icónica de las plataformas de Palantir, Gotham, nació de los orígenes de la empresa en la intersección de Silicon Valley y la seguridad nacional. Introducida en los primeros años tras la fundación de Palantir en 2003, Gotham fue una respuesta directa a las necesidades urgentes de la comunidad de inteligencia estadounidense tras los ataques del 11 de septiembre de 2001. Su propósito era claro: proporcionar una herramienta que permitiera a agencias como la CIA, el FBI y el Departamento de Defensa de Estados Unidos analizar datos masivos y dispares para identificar amenazas, rastrear redes terroristas y prevenir ataques con una velocidad y precisión que los sistemas heredados simplemente no podían igualar. Gotham no era un software genérico; era una plataforma altamente especializada, construida desde cero para manejar la complejidad de la inteligencia moderna, donde la información llegaba en formas tan variadas como interceptaciones telefónicas, imágenes satelitales, registros financieros y reportes de campo. Su diseño reflejaba el enfoque híbrido de Palantir: algoritmos de inteligencia artificial que podían procesar y correlacionar datos a gran escala, combinados con interfaces intuitivas que permitían a los analistas humanos explorar conexiones, formular hipótesis y tomar decisiones críticas en tiempo real. Esta combinación resultó ser revolucionaria, transformando la manera en que las agencias de inteligencia operaban en un mundo donde el tiempo era un lujo que rara vez podían permitirse.

Un ejemplo concreto del poder de Gotham se vio en 2010, cuando la plataforma desempeñó un papel clave en la identificación y desmantelamiento de redes de espionaje cibernético conocidas como Ghostnet y Shadow Network. Ghostnet, descubierta inicialmente por investigadores en 2009, era una operación masiva de ciberespionaje atribuida a actores en China, que había comprometido más de 1,200 computadoras en 103 países, incluyendo embajadas, ministerios de defensa y organizaciones internacionales. Shadow Network, identificada poco después, era otra red similar que había robado documentos clasificados de gobiernos, particularmente de la India, relacionados con seguridad nacional y política exterior. Estas redes eran esquivas, utilizando malware sofisticado para infiltrarse en sistemas y exfiltrar datos sin ser detectadas durante meses o incluso años. Palantir Gotham entró en escena como una herramienta para los analistas de inteligencia que buscaban conectar los puntos entre estos ataques. La plataforma integró una variedad de fuentes de datos —tráfico de red, registros de servidores comprometidos, comunicaciones interceptadas y metadatos— para construir un mapa detallado de las operaciones. Sus algoritmos identificaron patrones, como direcciones IP recurrentes y firmas de malware, mientras que los analistas humanos usaron las visualizaciones de Gotham para rastrear las conexiones hasta sus fuentes, revelando la escala y los objetivos de las redes. Este esfuerzo no solo ayudó a neutralizar las amenazas, sino que también proporcionó a los gobiernos pruebas para fortalecer sus defensas cibernéticas. El éxito de Gotham en estos casos consolidó su reputación como una herramienta indispensable para el antiterrorismo y la ciberseguridad, demostrando cómo la visión de Palantir podía aplicarse a problemas del mundo real con resultados tangibles.

Gotham continuó evolucionando, expandiendo su uso más allá de la CIA y el Departamento de Defensa hacia otras agencias y aliados internacionales, incluyendo operaciones militares como el sistema TITAN del Ejército de EE.UU., que integraba datos de sensores en tiempo real para apoyar a las tropas en el campo. Su capacidad para manejar datos clasificados con estrictos protocolos de seguridad, junto con su flexibilidad para adaptarse a misiones específicas, la convirtió en un pilar de la inteligencia moderna. Sin embargo, este poder también atrajo críticas: el uso de Gotham por agencias como el Servicio de Inmigración y Control de Aduanas (ICE) para rastrear inmigrantes indocumentados generó debates sobre la vigilancia y los derechos civiles, destacando cómo una herramienta diseñada para proteger podía también ser usada para controlar.

2. Palantir Metropolis: Enfocada En Análisis

Financiero Para Bancos Y Hedge Funds

Mientras Gotham conquistaba el ámbito gubernamental, Palantir Metropolis —lanzada en paralelo durante los primeros años de la empresa— llevaba la visión tecnológica de Palantir al sector financiero. Diseñada para bancos, hedge funds y otras instituciones financieras, Metropolis era una evolución directa del enfoque inicial de la empresa en detectar fraudes en PayPal. Su objetivo era simple pero ambicioso: proporcionar a los actores del mundo financiero una plataforma que integrara datos complejos —transacciones, tendencias de mercado, registros históricos y más— para optimizar decisiones de inversión, identificar riesgos y combatir actividades ilícitas como el lavado de dinero. Metropolis heredó las capacidades de integración de datos y análisis predictivo de Palantir, pero las adaptó a las necesidades de Wall Street, donde la velocidad y la precisión podían significar la diferencia entre ganancias multimillonarias y pérdidas catastróficas. Los usuarios podían explorar enormes conjuntos de datos financieros en tiempo real, detectar anomalías que indicaran fraude o manipulación del mercado, y modelar escenarios para predecir movimientos futuros. Esta plataforma atrajo a clientes como bancos de inversión y fondos de cobertura, quienes encontraron en Metropolis una manera de mantenerse un paso adelante en un mercado ferozmente competitivo. Aunque menos conocida que Gotham, Metropolis demostró la versatilidad de la tecnología de Palantir, extendiendo su alcance más allá de la seguridad nacional hacia el corazón del capitalismo global.

3. Palantir Foundry: Análisis Empresarial Para El Sector Privado (Clientes Como Morgan Stanley Y Fca)

Con el tiempo, Palantir amplió su enfoque hacia el sector privado con Foundry, una plataforma lanzada oficialmente en la década de 2010 que se convirtió en el buque insignia de sus esfuerzos comerciales. Foundry estaba diseñada para empresas de todos los tamaños e industrias —desde gigantes financieros como Morgan Stanley hasta fabricantes de automóviles como FCA (Fiat Chrysler Automobiles)— con el objetivo de transformar cómo las organizaciones gestionan sus operaciones mediante el análisis de datos. A diferencia de Gotham, que se centraba en la inteligencia, o Metropolis, que apuntaba a las finanzas, Foundry era un lienzo en blanco, una herramienta flexible que permitía a las empresas integrar datos de sus cadenas de suministro, ventas, recursos humanos y más, para tomar decisiones estratégicas en tiempo real. Por ejemplo, Morgan Stanley usó Foundry para analizar riesgos de mercado y optimizar carteras, mientras que FCA lo empleó para mejorar la producción y la logística. Durante la pandemia de COVID-19, Foundry destacó al ayudar a gobiernos y empresas a rastrear la distribución de suministros médicos y vacunas, mostrando su capacidad para adaptarse a crisis imprevistas. Foundry representó la madurez de la visión de Palantir, llevando su tecnología a un público más amplio y demostrando que los principios desarrollados para la CIA podían aplicarse igualmente al mundo corporativo.

4. Palantir Aip (Artificial Intelligence Platform): La Evolución Reciente Hacia Una Suite De Software Impulsada Por Ia, Lanzada Para Mejorar La Toma De Decisiones En Tiempo Real

La más reciente adición al arsenal de Palantir, la Artificial Intelligence Platform (AIP), lanzada en los últimos años previos a 2025, marcó un salto hacia el futuro de la empresa. AIP tomó las lecciones de Gotham, Metropolis y Foundry y las fusionó en una suite de software impulsada por IA de última generación, diseñada para acelerar la toma de decisiones en tiempo real en un mundo donde los datos fluyen más rápido que nunca. Construida sobre avances en aprendizaje automático y procesamiento de lenguaje natural, AIP permitió a los usuarios no solo analizar datos históricos, sino también responder a eventos en curso con predicciones y recomendaciones instantáneas. Desde operaciones militares que necesitaban coordinar drones en tiempo real hasta empresas que buscaban ajustar precios dinámicamente, AIP representó la culminación de la visión de Palantir: una plataforma que no solo veía el mundo, sino que lo moldeaba activamente. Su lanzamiento en 2025 coincidió con un auge en la adopción de IA, posicionando a Palantir como líder en un mercado competitivo y reafirmando su compromiso con la innovación constante.

INNOVACIONES EN IA Y MACHINE LEARNING: PROCESAMIENTO DE DATOS EN TIEMPO REAL.

ANÁLISIS PREDICTIVO PARA ANTICIPAR AMENAZAS O NECESIDADES, INTEROPERABILIDAD CON SISTEMAS EXISTENTES, EVITANDO GRANDES REFORMAS

Si la visión tecnológica de Palantir Technologies fue el cimiento sobre el que se construyó su éxito, sus innovaciones en inteligencia artificial (IA) y machine learning (aprendizaje automático) fueron los pilares que elevaron esa visión a nuevas alturas, transformándola en una fuerza capaz de competir en los escenarios más exigentes del mundo moderno. Desde sus primeros días en Palo Alto hasta su posición como líder en análisis de datos en 2025, Palantir ha apostado por un enfoque distintivo en IA y machine learning que no solo procesa información, sino que la convierte en un recurso dinámico para resolver problemas en tiempo real, anticipar el futuro y adaptarse a las complejidades de sistemas ya establecidos. Estas innovaciones — el procesamiento de datos en tiempo real, el análisis predictivo para anticipar amenazas o necesidades, y la interoperabilidad con sistemas existentes sin requerir reformas masivas— no son meros avances técnicos; son la esencia de cómo Palantir ha redefinido lo que la tecnología puede lograr, desde rastrear terroristas en campos de batalla hasta optimizar cadenas de suministro globales. Esta sección explora en profundidad estas tres áreas clave, desentrañando cómo han impulsado las plataformas de Palantir y cómo han posicionado a la empresa como un pionero en un campo abarrotado de competidores.

Procesamiento De Datos En Tiempo Real

En un mundo donde la información fluye a una velocidad vertiginosa —generada por sensores, transacciones, comunicaciones y eventos globales en constante evolución—, la capacidad de procesar datos en tiempo real se ha convertido en un imperativo para cualquier organización que busque mantenerse relevante. Palantir reconoció esta necesidad desde sus inicios, y sus innovaciones en IA y machine learning han hecho del procesamiento en tiempo real una de sus fortalezas distintivas. A diferencia de los sistemas tradicionales que dependían de análisis retrospectivos —procesando datos en lotes después de que los eventos ya habían ocurrido—, Palantir desarrolló algoritmos y arquitecturas de software capaces de ingerir, analizar y actuar sobre flujos de datos vivos mientras estos se generaban. Esta capacidad fue crucial en sus primeras aplicaciones para la inteligencia gubernamental, donde cada segundo podía significar la diferencia entre prevenir un ataque o reaccionar a sus consecuencias. Por ejemplo, en el contexto de operaciones antiterroristas, las plataformas de Palantir como Gotham podían integrar datos de múltiples fuentes —como señales de inteligencia (SIGINT), imágenes de drones y comunicaciones interceptadas— y presentarlos a los analistas en tiempo real, permitiendo respuestas inmediatas a amenazas emergentes. Esta tecnología no solo dependía de la velocidad bruta de los procesadores, sino también de una IA que filtraba el ruido, priorizaba la información relevante y actualizaba continuamente sus modelos a medida que llegaban nuevos datos. En el sector privado, esta innovación brilló igualmente: empresas que usaban Foundry podían monitorear cadenas de suministro globales instante a instante, ajustando rutas de envío o inventarios en respuesta a interrupciones como tormentas o huelgas portuarias. El procesamiento en tiempo real de Palantir no era solo una cuestión de rapidez; era una reinvención de cómo las organizaciones podían interactuar con el presente, convirtiendo los datos de un registro estático en una herramienta viva y respirante para la acción inmediata.

Análisis Predictivo Para Anticipar Amenazas O Necesidades

Si el procesamiento en tiempo real permitía a Palantir capturar el "ahora", su capacidad para el análisis predictivo le otorgó el poder de mirar hacia el futuro, anticipando amenazas o necesidades antes de que se materializaran por completo. Esta innovación en machine learning se basaba en modelos que no solo analizaban datos históricos, sino que aprendían de ellos para proyectar tendencias, identificar riesgos y sugerir cursos de acción con una precisión que rayaba en lo profético. En el ámbito de la seguridad nacional, esta capacidad fue un cambio de juego. Tomemos, por ejemplo, el uso de Gotham por parte del Departamento de Defensa: los algoritmos de Palantir podían examinar patrones en movimientos de tropas enemigas, transacciones financieras sospechosas o comunicaciones cifradas, prediciendo posibles ataques terroristas o emboscadas con suficiente antelación para permitir intervenciones preventivas. En un caso notable, la tecnología ayudó a anticipar movimientos de insurgentes en Irak y Afganistán, analizando datos de sensores y reportes de inteligencia para alertar a las fuerzas militares sobre concentraciones inusuales de actividad. En el sector privado, el análisis predictivo de Foundry permitió a empresas como Morgan Stanley prever fluctuaciones del mercado o a fabricantes anticipar picos en la demanda de productos, ajustando estrategias de inversión o producción en consecuencia. Esta capacidad predictiva no era magia, sino el resultado de un enfoque sofisticado: los modelos de machine learning de Palantir se entrenaban continuamente con datos nuevos, refinando sus predicciones y adaptándose a contextos cambiantes. Además, la plataforma integraba la supervisión humana, permitiendo a los analistas ajustar las predicciones con su juicio experto, una sinergia que evitaba los errores comunes de los sistemas puramente automatizados. En un mundo donde reaccionar ya no era suficiente, el análisis predictivo de Palantir ofrecía a sus usuarios una ventaja estratégica: la capacidad de actuar antes que sus adversarios o competidores, convirtiendo la incertidumbre en oportunidad.

Interoperabilidad Con Sistemas Existentes, Evitando Grandes Reformas

Quizás una de las innovaciones más subestimadas pero revolucionarias de Palantir fue su enfoque en la interoperabilidad, la habilidad de sus plataformas para integrarse sin problemas con sistemas existentes sin exigir a los clientes que reformaran por completo sus infraestructuras tecnológicas. En una era donde muchas soluciones de software requerían migraciones masivas de datos, actualizaciones costosas de hardware o la adopción de ecosistemas cerrados, Palantir tomó un camino diferente. Sus ingenieros diseñaron una arquitectura que podía "hablar" con una amplia variedad de sistemas heredados —desde bases de datos obsoletas en agencias gubernamentales hasta software empresarial dispar en corporaciones—, conectándolos sin necesidad de desechar lo viejo por lo nuevo. Esta interoperabilidad era más que una conveniencia técnica; era una filosofía que reconocía las realidades del mundo real, donde las organizaciones a menudo operaban con tecnologías acumuladas durante décadas, cada una con sus propias peculiaridades y limitaciones. Por ejemplo, en el caso de la CIA, Gotham podía integrarse con sistemas clasificados de la era de la Guerra Fría, extrayendo datos de formatos arcaicos y combinándolos con flujos modernos sin interrumpir las operaciones existentes. En el sector privado, Foundry se conectaba con programas como SAP o Oracle usados por grandes empresas, uniendo silos de información sin obligar a una reestructuración total. Esta capacidad dependía de una IA flexible que podía interpretar y normalizar datos en formatos dispares, junto con una arquitectura modular que permitía a Palantir adaptarse a las necesidades específicas de cada cliente. El resultado era una implementación más rápida, costos más bajos y una adopción más amplia, ya que los usuarios no tenían que arriesgarse a un "todo o nada" para aprovechar la tecnología de Palantir. Esta interoperabilidad no solo amplió el alcance de la empresa, sino que también la diferenció de competidores que a menudo imponían soluciones rígidas, demostrando que la innovación no siempre requería destruir para construir, sino que podía elevar lo existente a un nuevo nivel de utilidad.

Estas innovaciones en IA y machine learning — procesamiento en tiempo real, análisis predictivo e interoperabilidad— no eran logros aislados, sino partes interconectadas de un sistema más grande que alimentaba las plataformas de Palantir. Juntas, permitieron a la empresa abordar problemas que iban desde lo urgente (detener un ataque inminente) hasta lo estratégico (planificar para una década futura), todo mientras se integraban en los mundos desordenados y complejos de sus clientes. En 2025, estas capacidades habían evolucionado aún más con el lanzamiento de AIP, que llevaba el procesamiento y la predicción a niveles casi instantáneos, pero sus raíces estaban en los primeros días de experimentación en Palo Alto. Sin embargo, este poder técnico también planteaba preguntas: ¿Qué significaba poner herramientas tan avanzadas en manos de gobiernos y corporaciones? ¿Cómo se mantenía el equilibrio entre innovación y responsabilidad? Estas tensiones acompañarían a Palantir en su ascenso, pero en el ámbito técnico, sus innovaciones en IA y machine learning eran innegables, un testimonio de cómo la empresa no solo seguía el ritmo del siglo XXI, sino que ayudaba a definirlo.

DIFERENCIADORES: SEGURIDAD (CIFRADO ROBUSTO), ESCALABILIDAD Y PERSONALIZACIÓN FRENTE A COMPETIDORES COMO IBM, MICROSOFT, TABLEAU Y SNOWFLAKE

En un mercado tecnológico saturado de gigantes establecidos y nuevos contendientes, Palantir Technologies no solo tuvo que innovar para sobrevivir, sino también diferenciarse de una competencia formidable que incluía nombres como IBM, Microsoft, Tableau y Snowflake. Cada uno de estos jugadores ofrecía soluciones de análisis de datos y computación en la nube que competían por capturar la atención de gobiernos, corporaciones y organizaciones globales, pero Palantir se destacó al forjar un camino distintivo basado en tres pilares fundamentales: seguridad (respaldada por un cifrado robusto), escalabilidad y personalización. Estas características no eran meros adornos técnicos añadidos a sus plataformas; eran la esencia de cómo Palantir posicionaba su tecnología como algo más que una herramienta, sino como una solución estratégica que abordaba las necesidades únicas y críticas de sus clientes en un mundo donde los datos eran tan valiosos como vulnerables. Esta sección desentraña cómo estos diferenciadores no solo separaron a Palantir de sus rivales, sino que también consolidaron su reputación como una empresa capaz de ofrecer algo que otros no podían replicar fácilmente, un equilibrio entre potencia, protección y adaptabilidad que resonaba tanto en salas de operaciones gubernamentales como en consejos corporativos.

Seguridad (Cifrado Robusto)

En una era marcada por filtraciones masivas de datos, ataques cibernéticos patrocinados por estados y un creciente escrutinio sobre la privacidad, la seguridad se convirtió en una obsesión para cualquier empresa que manejara información sensible —y Palantir, con clientes como la CIA, el Departamento de Defensa y bancos globales, no podía permitirse menos que la excelencia en este ámbito. Lo que diferenciaba a Palantir de competidores como IBM o Microsoft no era solo su compromiso con la seguridad, sino la manera en que integraba un cifrado robusto y protocolos de protección en cada capa de sus plataformas, desde Gotham hasta AIP. Mientras que muchos proveedores de software ofrecían seguridad como una característica secundaria, Palantir la trataba como un principio fundacional, una necesidad absoluta dado el tipo de datos que manejaba: inteligencia clasificada, registros financieros confidenciales y operaciones empresariales críticas. Sus sistemas empleaban cifrado de extremo a extremo, asegurando que los datos estuvieran protegidos tanto en tránsito como en reposo, y utilizaban técnicas avanzadas como la encriptación homomórfica, que permitía realizar cálculos sobre datos cifrados sin necesidad de descifrarlos, una hazaña técnica que minimizaba la exposición incluso durante el análisis. Además, Palantir implementaba controles de acceso granulares, permitiendo a los clientes definir con precisión quién podía ver qué, una característica vital para agencias gubernamentales que operaban bajo estrictas regulaciones de clasificación. Por ejemplo, en su trabajo con el Departamento de Defensa, Gotham podía segmentar datos para que un analista viera solo la información relevante para su misión, mientras que el resto permanecía oculto tras barreras criptográficas impenetrables. Esta obsesión por la seguridad no solo cumplía con los estándares más altos — como los requerimientos FedRAMP para contratos federales de EE.UU.—, sino que también contrastaba con competidores como Tableau, que, aunque excelente en visualización de datos, carecía de las capacidades de cifrado necesarias para manejar información ultrasecreta, o incluso Microsoft, cuya oferta de Azure era poderosa pero más genérica y menos adaptada a los entornos de alta sensibilidad que Palantir dominaba. La seguridad de Palantir no era solo una defensa contra hackers; era una garantía para sus clientes de que podían confiar en la empresa con sus secretos más preciados, un diferenciador que le abrió puertas donde otros solo podían敲ear.

Escalabilidad

El segundo pilar que distinguía a Palantir era su escalabilidad, la capacidad de sus plataformas para crecer sin problemas desde pequeños proyectos piloto hasta operaciones masivas que abarcaban organizaciones enteras o incluso países. En un mercado donde competidores como Snowflake destacaban por almacenar grandes volúmenes de datos en la nube y IBM ofrecía soluciones empresariales probadas, Palantir llevó la escalabilidad a un nivel superior al diseñar sistemas que podían manejar no solo el volumen de datos, sino también la complejidad y la diversidad de los problemas que sus clientes enfrentaban. Esta capacidad estaba arraigada en su arquitectura técnica, que combinaba computación en la nube con procesamiento distribuido y una flexibilidad inherente que permitía a las plataformas como Foundry o Gotham adaptarse a cargas de trabajo crecientes sin perder rendimiento. Por ejemplo, un cliente como el Departamento de Salud y Servicios Humanos de EE.UU. comenzó usando Foundry para rastrear datos de COVID-19 en unas pocas regiones en 2020; en cuestión de meses, la plataforma escaló para gestionar la distribución nacional de vacunas, integrando datos de cientos de fuentes y soportando millones de transacciones diarias sin requerir una reescritura del sistema. Esta escalabilidad no era solo técnica, sino operativa: Palantir ofrecía soporte intensivo y equipos dedicados que trabajaban junto a los clientes para asegurar que la tecnología creciera con sus necesidades. En contraste, competidores como Tableau, aunque ágiles para visualizaciones en pequeña escala, a menudo tropezaban cuando se enfrentaban a conjuntos de datos masivos o requerimientos dinámicos, mientras que Snowflake, enfocado en almacenamiento, carecía de las capacidades analíticas integradas que Palantir ofrecía. La escalabilidad de Palantir significaba que podía empezar pequeño —un proyecto piloto en una sola unidad de negocio o agencia— y luego expandirse para abarcar operaciones globales, una flexibilidad que lo hacía atractivo tanto para startups como para gigantes corporativos y gobiernos por igual.

Personalización

El tercer diferenciador clave de Palantir era su enfoque en la personalización, un compromiso de adaptar sus plataformas a las necesidades específicas de cada cliente en lugar de ofrecer soluciones genéricas de "talla única". Mientras competidores como Microsoft y IBM proporcionaban suites de software amplias pero estandarizadas, y Tableau entregaba herramientas de visualización listas para usar, Palantir adoptó un enfoque casi artesanal, moldeando sus productos —

Gotham, Foundry, AIP— para alinearse con los flujos de trabajo, objetivos y desafíos únicos de sus usuarios. Esta personalización comenzaba con la interoperabilidad de sus sistemas, que podían integrarse con cualquier infraestructura existente, pero iba mucho más allá: los ingenieros de Palantir trabajaban mano a mano con los clientes para configurar la plataforma, ajustar algoritmos y diseñar interfaces que reflejaran las prioridades específicas de cada organización. Por ejemplo, para la CIA, Gotham fue personalizado para priorizar el análisis de redes humanas y datos clasificados, con visualizaciones que destacaban conexiones entre individuos y eventos; para Morgan Stanley, Foundry se adaptó para modelar riesgos financieros y ofrecer predicciones basadas en datos de mercado en tiempo real. Esta flexibilidad contrastaba marcadamente con competidores como Snowflake, que, aunque poderoso para almacenamiento de datos, ofrecía poca personalización en términos de análisis, o Microsoft, cuya Azure requería que los clientes se adaptaran a su ecosistema en lugar de viceversa. La personalización de Palantir no solo mejoraba la usabilidad, sino que también aumentaba la adopción: los clientes no tenían que cambiar sus procesos para usar la tecnología; la tecnología cambiaba para encajar en sus procesos. Este enfoque, aunque intensivo en recursos — Palantir a menudo desplegaba equipos de ingenieros in situ durante meses— generaba una lealtad feroz entre sus usuarios, quienes veían en la empresa un socio comprometido con su éxito, no solo un proveedor de software.

Frente A La Competencia

Frente a competidores como IBM, Microsoft, Tableau y Snowflake, estos diferenciadores —seguridad, escalabilidad y personalización— daban a Palantir una ventaja única. IBM, con su larga historia en TI empresarial, ofrecía soluciones robustas pero a menudo rígidas, careciendo de la agilidad y el enfoque en tiempo real de Palantir. Microsoft, con Azure y Power BI, dominaba en accesibilidad y escala masiva, pero sus herramientas eran menos especializadas para entornos de alta seguridad o problemas complejos que requerían análisis humano profundo. Tableau, adquirido por Salesforce, era un líder en visualización de datos, pero su enfoque ligero no podía competir con la profundidad analítica y la seguridad de Palantir, dejándolo rezagado en aplicaciones críticas como la inteligencia. Snowflake, un favorito en almacenamiento en la nube, destacaba por su eficiencia en gestionar grandes volúmenes de datos, pero carecía de las capacidades de IA y personalización que Palantir integraba de manera nativa. Mientras estos competidores ofrecían piezas del rompecabezas del análisis de datos, Palantir entregaba una solución integral, un sistema que combinaba protección inquebrantable, crecimiento sin límites y adaptación precisa a las necesidades del cliente. En 2025, esta combinación había elevado a Palantir por encima de sus rivales en mercados específicos, particularmente en defensa y finanzas, aunque no sin críticas sobre su costo y su dependencia de implementaciones intensivas.

Estos diferenciadores no solo explican el éxito técnico de Palantir, sino también su capacidad para atraer y retener clientes en un entorno competitivo feroz. La seguridad le dio credibilidad con los usuarios más exigentes; la escalabilidad aseguró que pudiera crecer con ellos; y la personalización garantizó que cada implementación fuera un reflejo de las prioridades del cliente, no de las limitaciones de la tecnología. Juntos, estos elementos convirtieron a Palantir en algo más que un proveedor de software: lo transformaron en un aliado estratégico, una empresa que no solo competía con los gigantes, sino que redefinía las reglas del juego en el análisis de datos del siglo XXI.

CAPÍTULO 3: CRECIMIENTO Y EXPANSIÓN

IPO Y ENTRADA AL MERCADO: COTIZACIÓN EN LA BOLSA DE NUEVA YORK EL 30 DE SEPTIEMBRE DE 2020 BAJO EL TICKER PLTR

El 30 de septiembre de 2020 marcó un hito monumental en la historia de Palantir Technologies: su debut en la Bolsa de Nueva York (NYSE) bajo el ticker PLTR, un evento que no solo transformó a la empresa de una startup enigmática con raíces en Silicon Valley y la inteligencia gubernamental en una entidad pública de alto perfil, sino que también señaló su ambición de conquistar un escenario global mucho más amplio. Este paso hacia el mercado público, conocido como su oferta pública inicial (IPO), no fue una IPO tradicional en el sentido clásico de vender nuevas acciones para recaudar capital fresco; en cambio, Palantir optó por una cotización directa, una maniobra menos convencional que permitía a los accionistas existentes —incluidos empleados, fundadores e inversionistas tempranos— vender sus participaciones directamente al público sin la intervención de suscriptores bancarios. Esta decisión reflejaba tanto la filosofía poco ortodoxa de la empresa como su confianza en el valor intrínseco de su tecnología y su trayectoria, una confianza que se pondría a prueba en los meses y años siguientes mientras el mundo financiero observaba con una mezcla de fascinación, escepticismo y especulación febril. La entrada de Palantir al mercado en 2020 no fue solo un momento financiero; fue una declaración de madurez, un punto de inflexión que llevó a la empresa de las sombras de los contratos clasificados a la luz intensa de Wall Street, donde su visión, su desempeño y sus controversias serían examinados bajo un microscopio implacable.

El camino hacia la IPO había sido largo y sinuoso, un reflejo del crecimiento gradual pero deliberado de Palantir desde su fundación en 2003. Durante 17 años, la empresa había operado como una entidad privada, financiada por una combinación de capital de riesgo, inversiones personales de Peter Thiel y contratos lucrativos con agencias gubernamentales como la CIA y el Departamento de Defensa. Este modelo le permitió a Palantir mantener un control estricto sobre su dirección estratégica, evitando las presiones de los informes trimestrales y las demandas de los accionistas públicos. Sin embargo, para 2020, varias fuerzas convergieron para empujar a la empresa hacia el mercado abierto. Primero, el crecimiento de sus operaciones —impulsado por el éxito de plataformas como Gotham y Foundry — había elevado su valoración privada a niveles impresionantes, con estimaciones que oscilaban entre $20 y $26 mil millones en rondas de financiación previas. Segundo, la necesidad de liquidez para empleados e inversionistas tempranos, muchos de los cuales habían estado vinculados a la empresa durante más de una década, se había vuelto apremiante. Tercero, y quizás más importante, Palantir veía en la cotización pública una oportunidad para expandir su alcance, atraer nuevos clientes en el sector privado y financiar ambiciones aún más grandes en un mercado global competitivo. La decisión de optar por una cotización directa en lugar de una IPO tradicional fue un guiño a la mentalidad libertaria de Thiel y al rechazo de Palantir a las normas corporativas convencionales; al evitar a los bancos de inversión, la empresa mantuvo un mayor control sobre el proceso y evitó diluir su valor con nuevas acciones, una elección que generó tanto elogios como críticas entre los analistas financieros.

El día de la cotización, el 30 de septiembre de 2020, fue un espectáculo cargado de simbolismo y expectación. En lugar de celebrar en el piso de la NYSE en Nueva York — una tradición para muchas empresas que salen a bolsa —, Palantir eligió un enfoque acorde con la pandemia de COVID-19 y su propia identidad: una ceremonia virtual transmitida desde su sede en Denver, Colorado, donde la empresa había trasladado sus operaciones principales en 2019 como parte de un alejamiento simbólico de Silicon Valley. Las acciones debutaron a un precio de referencia de $7.50, establecido por la NYSE basándose en transacciones privadas previas, pero rápidamente subieron a $9.50 en la apertura y cerraron el día en $10.20, dando a Palantir una valoración inicial de mercado de aproximadamente $21 mil millones. Este debut fue visto como un éxito por algunos, especialmente considerando la incertidumbre económica de 2020, pero también generó escepticismo entre los críticos que argumentaban que la valoración estaba inflada en comparación con los ingresos de la empresa, que en 2019 habían sido de $742.6 millones, con pérdidas netas de $579.8 millones. Sin embargo, los inversionistas parecían estar apostando menos por los números actuales y más por el potencial futuro de Palantir, atraídos por su tecnología de vanguardia y su creciente cartera de clientes en los sectores público y privado.

La entrada al mercado público marcó un cambio significativo en la narrativa de Palantir. Durante años, la empresa había sido conocida principalmente por su trabajo con el gobierno de EE.UU., particularmente en inteligencia y defensa, lo que le valió una reputación de secretismo y asociaciones controvertidas. La IPO fue una oportunidad para redefinirse como una fuerza tecnológica más amplia, accesible a inversores minoristas y corporaciones por igual. El ticker PLTR —una abreviatura simple pero evocadora del nombre de la empresa— se convirtió rápidamente en un favorito entre los inversores minoristas, especialmente en plataformas como Reddit, donde comunidades como WallStreetBets impulsaron un frenesí especulativo que llevó las acciones a picos de $29 en los meses siguientes, antes de estabilizarse. Este entusiasmo reflejaba una fe en la misión de Palantir, pero también subrayaba los riesgos de su nueva vida pública: la volatilidad del mercado, las expectativas infladas y la presión constante para demostrar crecimiento.

La cotización directa también reveló detalles financieros y operativos que Palantir había mantenido en privado durante años. En su presentación ante la SEC, la empresa destacó su dependencia de contratos gubernamentales, que representaban más del 50% de sus ingresos, pero también señaló un esfuerzo creciente para diversificarse hacia el sector privado, con clientes como BP y Airbus adoptando Foundry. Sin embargo, los críticos señalaron vulnerabilidades: una base de clientes concentrada (los 20 principales representaban el 67% de los ingresos), márgenes estrechos y una estructura de gobernanza controvertida que otorgaba a Thiel, Karp y Stephen Cohen un control desproporcionado a través de acciones con derechos de voto especiales. Estas revelaciones alimentaron el debate sobre si Palantir era una empresa tecnológica visionaria o una apuesta arriesgada disfrazada de innovación.

A pesar de las críticas, la IPO de 2020 fue un éxito en términos de visibilidad y capitalización. Permitió a Palantir recaudar liquidez sin emitir nuevas acciones, fortaleciendo su posición financiera mientras proyectaba una imagen de confianza en su modelo de negocio. En los años siguientes, hasta 2025, el valor de mercado de la empresa crecería exponencialmente, alcanzando cerca de $188 mil millones en febrero de 2025, con las acciones abriendo a $82.49, un testimonio de cómo la entrada al mercado público sirvió como trampolín para su expansión. Sin embargo, este debut también marcó el comienzo de una nueva fase de escrutinio: como empresa pública, Palantir ya no podía operar en las sombras. Su tecnología, sus contratos y su ética estarían bajo la lupa de inversionistas, reguladores y el público, un desafío que probaría la resiliencia de su visión y la habilidad de sus líderes para navegar un mundo que los observaba más de cerca que nunca.

EVOLUCIÓN DEL NEGOCIO: DE DEPENDENCIA DE CONTRATOS GUBERNAMENTALES (CIA, DEPARTAMENTO DE DEFENSA) A UN ENFOQUE

CRECIENTE EN EL SECTOR PRIVADO; CRECIMIENTO COMERCIAL EN EE.UU.: 64% EN 2024, CON INGRESOS PROYECTADOS DE $3.74 MIL MILLONES PARA 2025

La historia de Palantir Technologies es, en muchos sentidos, una historia de transformación, una narrativa que traza su evolución desde una empresa profundamente entrelazada con los corredores del poder gubernamental hasta una fuerza diversificada que abraza las oportunidades del sector privado con igual fervor. Durante sus primeros 17 años como entidad privada, Palantir se definió por su dependencia de contratos gubernamentales, particularmente con agencias como la CIA y el Departamento de Defensa de Estados Unidos, que no solo proporcionaron el financiamiento inicial a través de In-Q-Tel, sino que también moldearon su tecnología y su identidad como un aliado indispensable en la seguridad nacional. Sin embargo, tras su entrada al mercado público en 2020, Palantir emprendió un cambio estratégico deliberado y ambicioso: reducir su reliance en estos contratos clasificados y expandir su presencia en el mundo comercial, donde corporaciones globales y empresas emergentes ofrecían un vasto y lucrativo campo de oportunidades. Este pivote no fue simplemente una cuestión de diversificación financiera; fue una reinvención de la empresa, un esfuerzo por demostrar que su tecnología —forjada en las exigencias de la inteligencia y el antiterrorismo— podía aplicarse con igual eficacia a los desafíos del comercio, la industria y la innovación privada. Acompañando este cambio, el crecimiento comercial de Palantir en Estados Unidos se disparó, alcanzando un impresionante 64% en 2024, con proyecciones de ingresos que apuntaban a $3.74 mil millones para 2025, cifras que subrayaban tanto el éxito de esta transición como el potencial aún sin explotar de su modelo de negocio. Esta sección explora esta evolución en detalle, desentrañando las fuerzas que la impulsaron, los pasos que la hicieron posible y las implicaciones de un Palantir que ya no era solo un guardián de secretos estatales, sino un competidor en el mercado abierto.

De Dependencia De Contratos Gubernamentales A Un Enfoque Creciente En El Sector Privado

Cuando Palantir dio sus primeros pasos en 2003, su destino parecía irrevocablemente ligado al gobierno de Estados Unidos. El financiamiento inicial de In-Q-Tel, el brazo de inversión de la CIA, y los $30 millones de Peter Thiel establecieron una base que pronto se solidificó con contratos multimillonarios de agencias como la CIA, el FBI y el Departamento de Defensa. Estas relaciones no eran meramente transaccionales; eran simbióticas. La plataforma Gotham, por ejemplo, fue moldeada por las necesidades de la inteligencia post-11 de septiembre, diseñada para conectar fragmentos de datos clasificados y prevenir amenazas en un mundo donde el terrorismo global era una preocupación constante. Durante años, este enfoque gubernamental fue la columna vertebral de Palantir: en 2019, más del 50% de sus ingresos provenían de contratos con el sector público, con acuerdos que abarcaban desde operaciones antiterroristas hasta el desarrollo de sistemas como TITAN para el Ejército de EE.UU. Esta dependencia tenía ventajas claras —ingresos estables, clientes de alto perfil y la oportunidad de probar su tecnología en los entornos más exigentes —, pero también limitaciones significativas. El mercado gubernamental, aunque lucrativo, era finito y estaba sujeto a ciclos presupuestarios, cambios políticos y críticas públicas, como las protestas por el trabajo de Palantir con ICE. Además, la opacidad de estos contratos alimentaba una percepción de Palantir como una empresa clandestina, lo que dificultaba su expansión hacia otros sectores.

El punto de inflexión llegó con la IPO de 2020. Al convertirse en una empresa pública, Palantir no solo ganó acceso a nuevos recursos financieros, sino también la presión —y la oportunidad— de diversificar su base de ingresos. Los fundadores, liderados por Alex Karp, reconocieron que el sector privado ofrecía un potencial casi ilimitado: corporaciones de todos los tamaños estaban lidiando con la sobrecarga de datos, buscando formas de optimizar operaciones, predecir tendencias y mantenerse competitivas en un mundo acelerado por la digitalización. La plataforma Foundry, lanzada años antes pero aún en sus primeras etapas de adopción comercial, se convirtió en el vehículo principal de esta transición. Diseñada para ser flexible y adaptable, Foundry permitió a Palantir llevar su experiencia en análisis de datos complejos al mundo empresarial, desde bancos como Morgan Stanley, que usaban la plataforma para modelar riesgos financieros, hasta fabricantes como Airbus, que optimizaban cadenas de suministro globales. Este cambio no fue instantáneo ni sencillo; requería una reorientación cultural y operativa dentro de Palantir, acostumbrada a las demandas rígidas de los contratos gubernamentales. La empresa tuvo que ajustar sus equipos de ventas, capacitar a sus ingenieros para entender las prioridades comerciales y demostrar a los clientes privados que una tecnología nacida en el secreto podía ser igualmente valiosa en la transparencia del mercado abierto.

El éxito de esta transición fue evidente en la creciente lista de clientes corporativos que Palantir acumuló tras 2020. Empresas como BP utilizaron Foundry para analizar datos de exploración petrolera, mientras que Merck lo adoptó para acelerar ensayos clínicos. Incluso en sectores inesperados, como la agricultura, Palantir encontró un nicho, ayudando a firmas a predecir cosechas y gestionar recursos. Este enfoque en el sector privado no significó un abandono del gobierno —los contratos con la CIA y el Departamento de Defensa continuaron siendo una fuente importante de ingresos —, pero sí marcó un cambio en el equilibrio: para 2024, el segmento comercial había crecido hasta representar una porción significativa de los ingresos de Palantir, reduciendo la dependencia del sector público a menos del 40% en algunos trimestres. Este pivote también trajo beneficios intangibles: una percepción más amplia de Palantir como una empresa tecnológica versátil, no solo un proveedor de inteligencia, y una mayor aceptación entre inversionistas que veían en esta diversificación una señal de estabilidad a largo plazo.

Crecimiento Comercial En Ee.uu.: 64% En 2024, Con Ingresos Proyectados De $3.74 Mil Millones Para 2025

El impacto financiero de esta evolución del negocio fue nada menos que espectacular, particularmente en el mercado estadounidense, donde Palantir consolidó su presencia comercial con un crecimiento asombroso. En 2024, los ingresos del segmento comercial en EE.UU. aumentaron un 64% con respecto al año anterior, una cifra que reflejaba tanto la adopción acelerada de Foundry como la capacidad de Palantir para capturar una porción significativa del mercado de análisis de datos empresariales. Este crecimiento no fue un accidente; fue el resultado de una estrategia agresiva que incluyó la expansión de equipos de ventas dedicados al sector privado, campañas de marketing que destacaban casos de éxito como el uso de Foundry durante la pandemia de COVID-19, y una inversión continua en personalización para satisfacer las demandas de clientes corporativos. Los ingresos totales de la empresa en 2024 alcanzaron los $2.81 mil millones, con el segmento comercial en EE.UU. contribuyendo con una parte sustancial de ese aumento, un salto desde los $1.9 mil millones de 2023. Este éxito llevó a los analistas a proyectar ingresos de $3.74 mil millones para 2025, una estimación optimista pero fundamentada en la trayectoria ascendente de Palantir y su creciente lista de clientes, que para entonces incluía más de 300 empresas y organizaciones en EE.UU. solo en el sector privado.

Este boom comercial estuvo impulsado por varios factores clave. Primero, la madurez de Foundry como producto permitió a Palantir competir directamente con gigantes como Tableau y Snowflake, ofreciendo no solo almacenamiento o visualización de datos, sino una solución integral que combinaba análisis predictivo y toma de decisiones en tiempo real. Segundo, el enfoque de Palantir en industrias de alto valor —finanzas, salud, manufactura— le dio acceso a clientes dispuestos a pagar primas por herramientas que pudieran generar ventajas competitivas inmediatas. Tercero, el entorno económico de 2024, marcado por una recuperación post-pandemia y una carrera por la digitalización, creó una demanda insaciable de tecnologías como las de Palantir, que podían ayudar a las empresas a navegar incertidumbre y maximizar eficiencia. Casos como el de FCA (Fiat Chrysler Automobiles), que usó Foundry para reducir costos de producción en un 15%, o el de una cadena de hospitales que optimizó la asignación de recursos durante picos de enfermedades estacionales, se convirtieron en historias de éxito que atrajeron a más clientes. Para 2025, con ingresos proyectados de $3.74 mil millones, Palantir estaba en camino de cumplir las expectativas de los inversionistas, quienes veían en este crecimiento una validación de su apuesta por PLTR tras la IPO.

Sin embargo, esta evolución no estuvo exenta de desafíos. La transición al sector privado requería que Palantir superara su imagen de "empresa de espías", un estigma que persistía desde sus días de dependencia gubernamental. Además, la competencia en el mercado comercial era feroz, con jugadores como Microsoft y AWS ofreciendo soluciones más económicas y accesibles. A pesar de esto, la combinación de tecnología superior, personalización intensiva y un historial probado dio a Palantir una ventaja. La evolución de su negocio, desde los contratos clasificados hasta el auge comercial, no solo diversificó sus ingresos, sino que también redefinió su identidad, posicionándola como una fuerza tecnológica de alcance global, lista para conquistar nuevos horizontes más allá de las fronteras de EE.UU.

ASOCIACIONES ESTRATÉGICAS: COLABORACIÓN CON ORACLE (2024) PARA INTEGRAR IA Y COMPUTACIÓN EN LA NUBE, APUNTANDO A REVITALIZAR EL SEGMENTO GUBERNAMENTAL; ALIANZAS CON LÍDERES INDUSTRIALES EN SALUD, FINANZAS Y LOGÍSTICA

A medida que Palantir Technologies consolidaba su transición hacia el sector privado y aceleraba su crecimiento comercial tras la IPO de 2020, la empresa reconoció que su expansión no podía depender únicamente de sus propias capacidades internas; requería alianzas estratégicas que amplificaran su alcance, fortalecieran su tecnología y abrieran puertas a nuevos mercados. Estas asociaciones no eran meros acuerdos comerciales, sino movimientos calculados que reflejaban la ambición de Palantir de mantenerse a la vanguardia del análisis de datos y la inteligencia artificial en un paisaje tecnológico cada vez más competitivo. Entre las más destacadas estaba la colaboración con Oracle en 2024, un pacto que integró la potencia de la IA de Palantir con las capacidades de computación en la nube de Oracle, diseñado específicamente para revitalizar y expandir su segmento gubernamental, un área que había sido su fundamento pero que necesitaba un nuevo impulso para mantenerse relevante. Complementando este esfuerzo, Palantir forjó alianzas con líderes industriales en sectores como la salud, las finanzas y la logística, asociaciones que no solo diversificaron su base de clientes, sino que también demostraron la versatilidad de sus plataformas en resolver problemas críticos más allá de la seguridad nacional. Esta sección examina en profundidad estas asociaciones estratégicas, desentrañando su génesis, su ejecución y su impacto en la trayectoria de Palantir hasta 2025, un período en el que la empresa se consolidó como un jugador global que no solo competía, sino que colaboraba con los titanes de la industria para redefinir el futuro de los datos.

Colaboración Con Oracle (2024) Para Integrar Ia Y Computación En La Nube, Apuntando A Revitalizar El Segmento Gubernamental

El anuncio de la colaboración entre Palantir y Oracle en 2024 fue un momento definitorio, una alianza que unió a dos gigantes tecnológicos con fortalezas complementarias en un esfuerzo por capturar una porción significativa del mercado gubernamental, un segmento que, aunque había sido el pilar original de Palantir, enfrentaba desafíos crecientes debido a la competencia y las limitaciones presupuestarias. Oracle, con su larga historia como proveedor de soluciones de bases de datos y su dominio en la computación en la nube a través de Oracle Cloud Infrastructure (OCI), ofrecía una plataforma escalable y robusta que podía manejar las demandas masivas de datos de las agencias federales. Palantir, por su parte, aportaba su experiencia incomparable en inteligencia artificial y análisis de datos, encarnada en plataformas como Gotham y la recién lanzada AIP (Artificial Intelligence Platform). Juntas, las dos empresas buscaron crear una solución integrada que combinara la infraestructura en la nube de Oracle con las capacidades analíticas avanzadas de Palantir, ofreciendo a los clientes gubernamentales una herramienta que no solo procesara datos, sino que los transformara en decisiones estratégicas en tiempo real. Este acuerdo no era una simple asociación tecnológica; era un intento deliberado de revitalizar el segmento gubernamental de Palantir, que había visto su participación en los ingresos totales disminuir a medida que el sector privado crecía, y de posicionar a la empresa como un líder renovado en contratos federales en un momento en que la competencia de rivales como AWS y Microsoft Azure estaba en su apogeo.

La génesis de esta colaboración se remonta a las dinámicas del mercado en 2023 y 2024. A pesar del éxito de Palantir en diversificar hacia el sector privado, su segmento gubernamental —que incluía contratos con la CIA, el Departamento de Defensa y el Departamento de Seguridad Nacional— había mostrado signos de estancamiento. Los presupuestos federales para tecnología estaban bajo presión, y competidores con soluciones en la nube más baratas y genéricas estaban erosionando la cuota de mercado de Palantir. Al mismo tiempo, Oracle, que había invertido fuertemente en su infraestructura en la nube para competir con AWS y Google Cloud, buscaba diferenciarse integrando capacidades de IA que pudieran atraer a clientes gubernamentales con requisitos de seguridad estrictos. El acuerdo, anunciado en abril de 2024, vio a Palantir migrar sus plataformas clave —Gotham, Foundry y AIP— a OCI, aprovechando la escalabilidad y la seguridad de la nube de Oracle para ofrecer una experiencia optimizada.

Un ejemplo temprano de esta integración fue el uso de AIP en OCI para apoyar al Departamento de Defensa en la gestión de datos de sensores en tiempo real desde drones y satélites, una tarea que requería tanto la potencia computacional de Oracle como la capacidad de Palantir para analizar y predecir amenazas instantáneamente. Esta colaboración no solo mejoró el rendimiento de las herramientas de Palantir, sino que también redujo los costos operativos, haciendo que sus soluciones fueran más competitivas en licitaciones federales.

El impacto de la asociación con Oracle fue inmediato y significativo. Para finales de 2024, Palantir informó un aumento del 20% en los ingresos del segmento gubernamental en comparación con el año anterior, una señal clara de que la revitalización estaba funcionando. Contratos como el apoyo al sistema Maven del Pentágono, que usaba IA para analizar imágenes de inteligencia, se beneficiaron directamente de la integración Oracle-Palantir, reduciendo los tiempos de procesamiento y mejorando la precisión. Además, la alianza permitió a Palantir competir más efectivamente contra AWS, que dominaba el mercado de la nube gubernamental con contratos como el JEDI (aunque cancelado) y otros acuerdos masivos. La seguridad de OCI, certificada para niveles clasificados, combinada con el cifrado robusto de Palantir, aseguró a las agencias que sus datos estaban protegidos, un factor crítico en un entorno donde las filtraciones podían tener consecuencias catastróficas. Esta colaboración no solo fortaleció la posición de Palantir en el gobierno de EE.UU., sino que también sentó las bases para expansiones internacionales, donde la nube de Oracle ya tenía una presencia establecida.

Alianzas Con Líderes Industriales En Salud, Finanzas Y Logística

Mientras la asociación con Oracle revitalizaba el segmento gubernamental, Palantir simultáneamente forjó alianzas con líderes industriales en salud, finanzas y logística, un esfuerzo paralelo que amplificó su crecimiento en el sector privado y demostró la versatilidad de sus plataformas. En el ámbito de la salud, Palantir se asoció con empresas como Merck y Cleveland Clinic, integrando Foundry para acelerar ensayos clínicos y optimizar la gestión de datos médicos. Durante 2024, por ejemplo, Merck utilizó Foundry para analizar datos de pacientes en tiempo real, reduciendo el tiempo de desarrollo de nuevos medicamentos en un 25%, un logro que destacó cómo la tecnología de Palantir podía abordar desafíos críticos en la investigación médica. Estas alianzas no eran solo contratos; involucraban una colaboración profunda, con equipos de Palantir trabajando junto a científicos y administradores para personalizar la plataforma a las necesidades específicas de la industria de la salud, como el cumplimiento de regulaciones HIPAA y la integración con sistemas médicos heredados.

En finanzas, Palantir fortaleció su relación con instituciones como Morgan Stanley y Goldman Sachs, utilizando Foundry y AIP para ofrecer análisis predictivo que anticipaba movimientos del mercado y gestionaba riesgos en carteras multimillonarias. Una alianza notable en 2024 con Morgan Stanley vio a la firma implementar

AIP para modelar escenarios económicos en tiempo real, una herramienta que ayudó a los traders a reaccionar más rápido a eventos como fluctuaciones en los precios del petróleo o cambios en las tasas de interés. Esta colaboración no solo aumentó los ingresos comerciales de Palantir, sino que también solidificó su reputación como un socio indispensable en un sector donde los datos eran la moneda de cambio más valiosa.

En logística, Palantir se asoció con líderes como FedEx y Maersk, aplicando Foundry para optimizar cadenas de suministro globales en un mundo aún afectado por interrupciones post-pandemia. La alianza con Maersk, por ejemplo, permitió a la compañía naviera rastrear buques, predecir retrasos y ajustar rutas en tiempo real, reduciendo costos operativos en un 15% en 2024. Estas asociaciones en logística aprovecharon la interoperabilidad y escalabilidad de Palantir, conectando datos de sensores, sistemas de GPS y pronósticos climáticos en una plataforma que ofrecía una visión holística de operaciones complejas. Cada una de estas alianzas con líderes industriales no solo generó ingresos, sino que también sirvió como vitrina para atraer a otros clientes, demostrando que la tecnología de Palantir podía adaptarse a cualquier industria con resultados transformadores.

Impacto Y Visión Estratégica

Las asociaciones estratégicas de Palantir en 2024 — con Oracle revitalizando el segmento gubernamental y con líderes en salud, finanzas y logística expandiendo el alcance privado— fueron un catalizador para su crecimiento hasta 2025. Estas colaboraciones aumentaron los ingresos, diversificaron su base de clientes y fortalecieron su posicionamiento competitivo frente a rivales como Microsoft y AWS. La alianza con Oracle, en particular, reafirmó el compromiso de Palantir con el gobierno mientras abría nuevas oportunidades en mercados internacionales donde Oracle ya operaba. Las asociaciones industriales, por su parte, mostraron que la empresa podía trascender sus raíces en inteligencia para convertirse en un actor omnipresente en la economía global. Para 2025, estas estrategias habían contribuido a las proyecciones de $3.74 mil millones en ingresos, consolidando a Palantir como una empresa que no solo innovaba sola, sino que prosperaba al aliarse con los mejores de cada campo, un enfoque que prometía llevarla aún más lejos en la próxima década.

EXPANSIÓN INTERNACIONAL: PLANES PARA MERCADOS GLOBALES Y SU IMPACTO POTENCIAL EN LA VALORACIÓN

Tras consolidar su presencia en Estados Unidos con una IPO exitosa en 2020, un crecimiento comercial explosivo en 2024 y asociaciones estratégicas que revitalizaron tanto su segmento gubernamental como su alcance privado, Palantir Technologies volvió su mirada hacia el horizonte global, reconociendo que el verdadero potencial de su tecnología —y de su valoración— no podía limitarse a las fronteras de un solo país. La expansión internacional, que comenzó a tomar forma significativa después de su debut público y se aceleró hacia 2025, no fue un mero añadido a la estrategia de Palantir; fue una apuesta audaz por establecerse como una fuerza dominante en el análisis de datos y la inteligencia artificial a escala mundial. Este esfuerzo implicó adaptar sus plataformas —Gotham, Foundry y AIP— a las necesidades de gobiernos y empresas en mercados diversos, desde Europa y Asia hasta Oriente Medio y América Latina, mientras navegaba desafíos como regulaciones locales, diferencias culturales y una competencia feroz de jugadores globales como Microsoft, AWS y empresas locales emergentes. Para 2025, con una valoración de mercado que alcanzaba los $188 mil millones y proyecciones de ingresos de $3.74 mil millones, la expansión internacional no solo estaba redefiniendo el alcance de Palantir, sino también alimentando especulaciones sobre si la empresa podría acercarse a la codiciada marca del billón de dólares en la próxima década. Esta sección desentraña los planes de Palantir para los mercados globales, los pasos concretos que tomó para implementarlos y el impacto potencial de esta estrategia en su valoración, un reflejo de cómo la empresa buscó trascender su identidad estadounidense para convertirse en un titán verdaderamente global.

Los Planes Para Mercados Globales

La ambición de Palantir de expandirse internacionalmente no surgió de la nada; había sido una aspiración latente desde sus primeros días, cuando los contratos con la CIA y el Departamento de Defensa le dieron una ventana a las necesidades de seguridad de los aliados de EE.UU. Sin embargo, no fue hasta después de la IPO de 2020 que la empresa tuvo los recursos financieros, la visibilidad pública y la madurez operativa para convertir esta aspiración en acción. El plan para los mercados globales se basó en tres pilares estratégicos: primero, aprovechar su experiencia en inteligencia gubernamental para atraer a gobiernos extranjeros; segundo, adaptar su oferta comercial, particularmente Foundry, a las industrias clave de cada región; y tercero, utilizar asociaciones existentes, como la colaboración con Oracle, para acelerar la entrada en nuevos territorios. Este enfoque era ambicioso pero pragmático, diseñado para capitalizar las fortalezas de Palantir mientras mitigaba los riesgos inherentes a operar en un mundo de regulaciones fragmentadas y dinámicas geopolíticas complejas.

En el ámbito gubernamental, Palantir buscó replicar su éxito en EE.UU. ofreciendo Gotham y AIP a aliados de la OTAN y otros socios estratégicos. Para 2024, la empresa había asegurado contratos con el Ministerio de Defensa del Reino Unido, donde Gotham se integró con sistemas de inteligencia para rastrear amenazas cibernéticas y terrorismo, y con el gobierno de Australia, que utilizó la plataforma para coordinar respuestas a desastres naturales como incendios forestales y ciclones. Estos acuerdos no solo generaron ingresos, sino que también sirvieron como vitrinas para otros gobiernos, desde Japón, que exploraba AIP para la ciberseguridad, hasta Arabia Saudita, interesada en usar Palantir para modernizar su infraestructura de datos bajo la iniciativa Visión 2030. Sin embargo, esta expansión gubernamental enfrentó obstáculos: las estrictas leyes de protección de datos en la Unión Europea, como el GDPR, limitaron la adopción en países como Alemania y Francia, donde las preocupaciones sobre la privacidad chocaban con la reputación de Palantir como una empresa vinculada a la vigilancia. Para contrarrestar esto, Palantir invirtió en cumplir con regulaciones locales y enfatizó su cifrado robusto como una garantía de seguridad, logrando avances modestos pero significativos en mercados como los Países Bajos, donde Foundry apoyó esfuerzos contra el crimen organizado.

En el sector privado, la expansión internacional se centró en llevar Foundry a industrias globales clave. En Europa, Palantir se asoció con Airbus para optimizar la producción aeronáutica, integrando datos de fábricas en Francia, Alemania y España, un proyecto que generó un aumento del 20% en la eficiencia operativa para 2024. En Asia, la empresa firmó acuerdos con conglomerados como Toyota en Japón y Samsung en Corea del Sur, utilizando Foundry para analizar cadenas de suministro y predecir la demanda en un mercado volátil afectado por tensiones comerciales y escasez de chips. En Oriente Medio, Palantir encontró un nicho en el sector energético, trabajando con Saudi Aramco para modelar datos de exploración petrolera, mientras que en América Latina, colaboró con empresas de logística en Brasil y México para gestionar el comercio transfronterizo. Esta estrategia de apuntar a industrias específicas —manufactura, energía, tecnología— permitió a Palantir adaptar su tecnología a contextos locales, superando barreras culturales y lingüísticas mediante equipos regionales dedicados y personalización intensiva.

La colaboración con Oracle, iniciada en 2024, fue un

acelerador crucial para esta expansión. Al migrar sus plataformas a Oracle Cloud Infrastructure (OCI), Palantir pudo ofrecer servicios en regiones donde Oracle ya tenía centros de datos establecidos, como Singapur, Frankfurt y Dubái, reduciendo la latencia y asegurando el cumplimiento con leyes de soberanía de datos que exigían que la información permaneciera dentro de las fronteras nacionales. Esta alianza también facilitó la entrada en mercados emergentes, como India, donde Palantir y Oracle comenzaron a explorar contratos gubernamentales para modernizar la infraestructura digital, y África, donde pilotos con gobiernos como el de Kenia apuntaban a usar Foundry para rastrear enfermedades infecciosas. Para 2025, estas iniciativas habían establecido a Palantir en más de 50 países, un salto significativo desde su enfoque predominantemente estadounidense de años anteriores.

Impacto Potencial En La Valoración

La expansión internacional tuvo un impacto profundo y multifacético en la valoración de Palantir, un reflejo tangible de cómo los mercados percibían su potencial global. En febrero de 2025, con las acciones abriendo a $82.49 y una capitalización de mercado cercana a $188 mil millones, la empresa ya había superado con creces su valoración inicial de $21 mil millones en la IPO de 2020. Gran parte de este crecimiento se atribuyó a su éxito en EE.UU., pero los analistas comenzaron a señalar la expansión internacional como el próximo motor de valor. Los ingresos internacionales, que representaban menos del 20% del total en 2020, habían crecido al

35% para 2024, impulsados por contratos en Europa y Asia, y se proyectaba que alcanzaran el 45% para 2027 si las tendencias continuaban. Esta diversificación geográfica redujo la percepción de riesgo asociada con la dependencia de EE.UU., particularmente en un clima político donde los contratos gubernamentales podían fluctuar con cada administración.

El impacto en la valoración no era solo una cuestión de ingresos; también reflejaba las expectativas de los inversionistas sobre el potencial a largo plazo de Palantir en mercados globales. En Europa, donde la digitalización de las empresas estaba en auge, Foundry se posicionó como una alternativa a soluciones locales como SAP, mientras que en Asia, la creciente adopción de IA en países como China (aunque Palantir evitaba operar directamente allí por razones geopolíticas) inspiró a competidores regionales a buscar contrapesos como Palantir. Analistas como los de Goldman Sachs proyectaron que la expansión internacional podría agregar entre $50 y $100 mil millones a la valoración de Palantir para 2030, asumiendo que capturara incluso una fracción del mercado global de análisis de datos, estimado en $300 mil millones anuales para esa fecha. Esta especulación fue alimentada por inversores prominentes como Cathie Wood de ARK Invest, quien defendió a Palantir como una candidata a alcanzar el billón de dólares, citando su capacidad para dominar tanto el sector público como el privado a nivel mundial.

Sin embargo, la expansión no estuvo exenta de riesgos que podrían afectar la valoración. Las tensiones geopolíticas —como las sanciones entre EE.UU. y China — limitaron el acceso a ciertos mercados, mientras que las regulaciones de datos en Europa y las críticas a la privacidad plantearon obstáculos legales y de percepción. Competidores globales como Huawei (en tecnología gubernamental) y Alibaba Cloud (en Asia) también desafiaron el avance de Palantir, ofreciendo alternativas más baratas o adaptadas localmente. A pesar de esto, el éxito temprano en mercados clave y la infraestructura de Oracle dieron a Palantir una ventaja competitiva significativa. Para 2025, la expansión internacional no solo había elevado su valoración, sino que también había transformado su narrativa: de una empresa estadounidense con raíces en la inteligencia a un líder global cuya tecnología tocaba vidas y economías en todos los continentes, un cambio que prometía tanto oportunidades extraordinarias como desafíos sin precedentes en los años por venir.

CAPÍTULO 4: IMPACTO EN INDUSTRIAS

GOBIERNO Y DEFENSA: USO DE GOTHAM EN OPERACIONES ANTITERRORISTAS Y EL SISTEMA TITAN DEL EJÉRCITO DE EE.UU.; MAVEN SMART SYSTEM: REDUCCIÓN DE EQUIPOS DE INTELIGENCIA DE 2000 A 20 PERSONAS

Desde sus inicios en 2003, Palantir Technologies ha estado intrínsecamente vinculada al ámbito del gobierno y la defensa, un sector donde sus raíces con la CIA y su financiación inicial de In-Q-Tel moldearon no solo su tecnología, sino también su propósito fundacional: proporcionar herramientas que permitieran a las instituciones proteger a sus ciudadanos en un mundo plagado de amenazas invisibles y complejas. En este dominio, Palantir no solo ha cumplido con su promesa inicial, sino que ha redefinido cómo los gobiernos y las fuerzas militares abordan la inteligencia, el antiterrorismo y las operaciones tácticas modernas. A través de su plataforma insignia, Gotham, y su integración en proyectos como el sistema TITAN del Ejército de EE.UU. y el Maven Smart System, Palantir ha demostrado un impacto transformador, reduciendo la brecha entre la información cruda y las decisiones críticas con una eficacia que ha cambiado las reglas del juego. Esta sección examina en profundidad cómo estas herramientas han sido utilizadas en operaciones antiterroristas, cómo han revolucionado la logística militar y cómo han permitido reducir equipos de inteligencia masivos a fracciones de su tamaño original, ilustrando el poder de la tecnología de Palantir para alterar el equilibrio entre seguridad y capacidad operativa en una era de desafíos globales sin precedentes.

Uso De Gotham En Operaciones Antiterroristas Y El Sistema Titan Del Ejército De Ee.uu.

Cuando Palantir lanzó Gotham en sus primeros años, lo hizo con un objetivo claro: abordar las fallas sistémicas expuestas por los ataques del 11 de septiembre de 2001, cuando la incapacidad de las agencias de inteligencia para conectar puntos entre datos fragmentados permitió que una tragedia se desarrollara sin ser detectada. Gotham, con su capacidad para integrar datos dispares —desde interceptaciones telefónicas y registros financieros hasta imágenes satelitales y reportes humanos— y presentarlos en una interfaz accesible para analistas, se convirtió rápidamente en una herramienta esencial para las operaciones antiterroristas. En las manos de la CIA, el FBI y otros organismos de inteligencia, Gotham permitió a los analistas mapear redes terroristas con una precisión que antes requería meses de trabajo manual. Por ejemplo, en la lucha contra Al Qaeda y más tarde ISIS, la plataforma fue utilizada para rastrear flujos de dinero a través de bancos offshore, identificar patrones en comunicaciones encriptadas y correlacionar movimientos de sospechosos con eventos globales, todo en tiempo real. Un caso notable ocurrió en la década de 2010, cuando Gotham ayudó a desmantelar una célula terrorista en

Europa Occidental al conectar datos de vigilancia con transacciones financieras sospechosas, permitiendo a las autoridades intervenir antes de que un ataque planeado pudiera ejecutarse. Este tipo de operaciones no solo salvaron vidas, sino que también demostraron cómo la tecnología de Palantir podía transformar la inteligencia reactiva en una fuerza proactiva, un cambio que resonó profundamente en la comunidad de defensa.

Más allá de las operaciones de inteligencia tradicionales, el impacto de Gotham se extendió al campo de batalla a través de su integración en el sistema TITAN (Tactical Intelligence Targeting Access Node) del Ejército de EE.UU., un proyecto que marcó la evolución de Palantir de un proveedor de análisis a un socio en la guerra moderna. TITAN, diseñado para proporcionar inteligencia táctica en tiempo real a las unidades terrestres, dependía de la capacidad de Gotham para procesar datos de sensores —como imágenes de drones, lecturas de radar y señales electrónicas— y entregarlos a los comandantes en el terreno en cuestión de segundos. Implementado en conflictos como los de Siria y Ucrania (a través de apoyo indirecto a aliados), TITAN permitió a las fuerzas estadounidenses y sus socios detectar amenazas, coordinar ataques y ajustar estrategias sobre la marcha, reduciendo los tiempos de respuesta de horas a minutos. Por ejemplo, en un ejercicio militar en 2023, TITAN utilizó Gotham para integrar datos de un dron Reaper con inteligencia humana, identificando un convoy enemigo oculto en terreno accidentado y guiando un ataque preciso que neutralizó la amenaza sin bajas colaterales. Esta integración no solo aumentó la efectividad de las operaciones, sino que también destacó la escalabilidad de

Palantir, llevando su tecnología de las oficinas de Langley a las arenas del combate, un salto que consolidó su posición como un aliado indispensable para el Pentágono.

Maven Smart System: Reducción De Equipos De Inteligencia De 2000 A 20 Personas

Quizás el ejemplo más impactante del poder transformador de Palantir en el ámbito de la defensa sea su papel en el Maven Smart System, un proyecto del Departamento de Defensa que utilizó inteligencia artificial para revolucionar el análisis de imágenes y la toma de decisiones en operaciones militares. Iniciado en 2017 como parte del Proyecto Maven —un esfuerzo más amplio para aplicar IA al procesamiento de videos de drones—, el Maven Smart System evolucionó con la participación de Palantir en una herramienta que no solo mejoró la precisión, sino que también redujo drásticamente la mano de obra necesaria para las tareas de inteligencia. Antes de Maven, analizar horas de footage de drones requería equipos masivos de analistas —a menudo hasta 2,000 personas— trabajando durante días para identificar objetivos, rastrear movimientos y evaluar amenazas. Este proceso era lento, propenso a errores humanos y abrumadoramente ineficiente, especialmente en conflictos de ritmo rápido donde los datos llegaban en cantidades abrumadoras. Palantir, trabajando junto a otros contratistas pero aportando su experiencia en integración de datos y análisis humano-máquina, transformó este proceso con una versión mejorada de Gotham y, más tarde, AIP, que integraba modelos de machine learning para detectar patrones automáticamente y presentarlos a analistas humanos para su verificación final.

El resultado fue asombroso: para 2024, el Maven Smart System había reducido los equipos de inteligencia de 2,000 personas a tan solo 20, un cambio que no solo ahorró recursos, sino que también aceleró la toma de decisiones en el campo de batalla. Los algoritmos de Palantir podían escanear videos de drones en tiempo real, identificar objetos como vehículos, armas o grupos de personas, y destacar anomalías —como movimientos sospechosos cerca de bases militares— con una precisión superior al 95%. Estos hallazgos se presentaban en una interfaz intuitiva que permitía a un pequeño equipo de analistas humanos confirmar los objetivos y recomendar acciones, todo en cuestión de minutos en lugar de días. En operaciones en el Medio Oriente, por ejemplo, Maven Smart System identificó campamentos insurgentes ocultos en áreas urbanas densas, guiando ataques aéreos con una precisión que minimizó las bajas civiles, un logro que el Pentágono elogió como un avance en la guerra ética. Esta reducción de 2,000 a 20 no era solo una estadística; representaba una redefinición de la inteligencia militar, donde la tecnología de Palantir permitía a las fuerzas operar con una agilidad y efectividad que antes eran impensables, liberando recursos humanos para tareas estratégicas de mayor nivel.

Implicaciones Y Alcance

El impacto de Palantir en el gobierno y la defensa, a

través de Gotham, TITAN y Maven, iba más allá de las operaciones individuales; alteró fundamentalmente cómo las instituciones militares y de inteligencia concebían su trabajo. En operaciones antiterroristas, Gotham proporcionó una visión panorámica que conectaba puntos a través de continentes, mientras que TITAN llevó esa visión al frente de batalla, Empoderando a las tropas con inteligencia inmediata. Maven Smart System, por su parte, demostró cómo la IA podía multiplicar la capacidad humana, reduciendo la carga operativa y aumentando la precisión en un entorno donde los errores podían costar vidas. Hasta 2025, estos avances habían solidificado los lazos de Palantir con el gobierno de EE.UU., representando aún un 40% de sus ingresos a pesar de la diversificación, y habían inspirado a aliados internacionales a adoptar tecnologías similares. Sin embargo, este poder también trajo escrutinio: críticos señalaron que la eficiencia de Maven y TITAN podía facilitar una guerra más automatizada, planteando preguntas éticas sobre la delegación de decisiones letales a máquinas. A pesar de estas tensiones, el impacto de Palantir en la defensa fue innegable, una prueba de cómo su tecnología podía transformar no solo industrias, sino la seguridad misma de las naciones.

SECTOR PRIVADO: SALUD: MEJORA EN EL SEGUIMIENTO DE PACIENTES Y ENSAYOS CLÍNICOS; FINANZAS: DETECCIÓN DE FRAUDES Y OPTIMIZACIÓN DE DECISIONES; TECNOLOGÍA MÓVIL: INCURSIÓN EN SMARTPHONES CON ANÁLISIS PREDICTIVO (2025)

Si bien Palantir Technologies se forjó en el crisol de la inteligencia gubernamental y la defensa, su incursión en el sector privado tras la IPO de 2020 marcó una nueva era en la que su tecnología —originalmente diseñada para rastrear terroristas y coordinar operaciones militares — encontró aplicaciones transformadoras en industrias aparentemente distantes como la salud, las finanzas y, más recientemente, la tecnología móvil. Este pivote no fue solo una estrategia de diversificación financiera; fue una demostración audaz de la versatilidad de plataformas como Foundry y AIP, que llevaron el poder del análisis de datos avanzado y la inteligencia artificial a problemas cotidianos y comerciales con un impacto profundo y tangible. En la salud, Palantir mejoró el seguimiento de pacientes y aceleró ensayos clínicos, salvando vidas y optimizando recursos médicos. En las finanzas, revitalizó la detección de fraudes y la toma de decisiones estratégicas, protegiendo activos y maximizando ganancias. Y en 2025, su incursión en la tecnología móvil con análisis predictivo en smartphones señaló una ambición aún mayor: transformar cómo los individuos interactúan con el mundo digital. Esta sección explora en detalle cómo Palantir dejó su huella en estas industrias privadas, mostrando cómo una empresa nacida en las sombras de la seguridad nacional se convirtió en un agente de cambio en la economía global.

Salud: Mejora En El Seguimiento De Pacientes Y Ensayos Clínicos

La entrada de Palantir en la industria de la salud representó una de las expansiones más significativas de su tecnología más allá de sus raíces gubernamentales, llevando las capacidades de Foundry a un sector donde los datos podían significar literalmente la diferencia entre la vida y la muerte. Desde finales de la década de 2010, pero especialmente tras 2020, Palantir comenzó a asociarse con hospitales, farmacéuticas y organizaciones de salud pública para abordar dos desafíos críticos: el seguimiento de pacientes y la aceleración de ensayos clínicos. En el seguimiento de pacientes, Foundry permitió a los proveedores de atención médica integrar datos dispares —registros electrónicos, resultados de laboratorio, historiales de tratamiento y hasta datos de wearables — en una visión unificada que mejoraba el diagnóstico y la gestión de enfermedades. Por ejemplo, durante la pandemia de COVID-19, hospitales como Cleveland Clinic utilizaron Foundry para rastrear en tiempo real a pacientes infectados, identificar patrones de transmisión y asignar recursos como camas de UCI y ventiladores con una precisión que redujo la presión sobre los sistemas sobrecargados. Esta capacidad no se limitó a emergencias; en 2024, cadenas de hospitales en EE.UU. y Europa adoptaron Foundry para monitorear pacientes con enfermedades crónicas como diabetes o cáncer, prediciendo complicaciones antes de que ocurrieran y ajustando tratamientos de manera proactiva, lo que resultó en una reducción del 30% en readmisiones según algunos estudios internos.

En el ámbito de los ensayos clínicos, Palantir trabajó con gigantes farmacéuticos como Merck y Pfizer para acelerar el desarrollo de medicamentos, un proceso tradicionalmente lento y costoso que podía tomar una década y miles de millones de dólares. Foundry integró datos de ensayos —resultados de pacientes, efectos secundarios, biomarcadores— con información externa como estudios previos y datos genómicos, permitiendo a los investigadores identificar candidatos prometedores más rápido y ajustar protocolos en tiempo real. Un caso destacado ocurrió en 2023, cuando Merck utilizó Foundry para analizar datos de un ensayo de un nuevo tratamiento contra el cáncer, reduciendo el tiempo de la fase de prueba de 18 a 12 meses al predecir qué subgrupos de pacientes responderían mejor, un avance que aceleró la aprobación regulatoria y llevó el medicamento al mercado antes de lo esperado. Esta eficiencia no solo ahorró costos —hasta un 25% en algunos casos, según informes de la industria—, sino que también permitió a las farmacéuticas responder más rápido a crisis de salud pública, como el desarrollo de terapias para enfermedades raras. El impacto de Palantir en la salud fue una prueba de cómo su tecnología, diseñada para conectar puntos en inteligencia, podía aplicarse a conectar vidas en la medicina moderna.

Finanzas: Detección De Fraudes Y Optimización De Decisiones

En el sector financiero, Palantir encontró un terreno fértil para sus capacidades analíticas, retomando las raíces de sus fundadores en PayPal donde la detección de fraudes había sido un desafío inicial. Con plataformas como Metropolis y, más tarde, Foundry y AIP, la empresa transformó cómo bancos, hedge funds y firmas de inversión gestionaban riesgos y tomaban decisiones en un mercado global implacable. La detección de fraudes, un problema persistente que costaba a la industria billones de dólares anuales, fue revolucionada por el enfoque de Palantir. Usando algoritmos de machine learning, Foundry podía analizar millones de transacciones en tiempo real, identificando patrones sospechosos —como transferencias inusuales o actividades de lavado de dinero— que los sistemas tradicionales a menudo pasaban por alto. Por ejemplo, en 2022, un banco importante como JPMorgan Chase implementó Foundry para monitorear su red global, detectando una operación de fraude transnacional que había evadido auditorías previas, lo que resultó en la recuperación de $50 millones y el fortalecimiento de sus defensas. Esta capacidad no solo protegía activos, sino que también cumplía con regulaciones estrictas como las de la Ley contra el Lavado de Dinero, ganándose la confianza de instituciones financieras.

Más allá de la detección de fraudes, Palantir optimizó la toma de decisiones financieras al proporcionar a los clientes herramientas predictivas que transformaban datos en estrategias accionables. Firmas como Morgan Stanley y Goldman Sachs utilizaron AIP en 2024 para modelar escenarios de mercado en tiempo real, integrando datos de noticias, tendencias económicas y movimientos de competidores para anticipar cambios como alzas de tasas de interés o caídas en los precios de las materias primas. Esta capacidad permitió a los traders ajustar carteras instantáneamente, generando ganancias adicionales estimadas en un 15% en algunos trimestres frente a métodos tradicionales. En hedge funds, Foundry se usó para analizar datos alternativos —como tráfico de consumidores o imágenes satelitales de puertos— para predecir el desempeño de empresas antes de que los отчеты trimestrales fueran públicos, una ventaja que atrajo a inversores dispuestos a pagar primas por la tecnología de Palantir. Este impacto en las finanzas no solo reflejó su habilidad técnica, sino también su capacidad para empoderar a una industria donde los datos eran el rey, convirtiendo la información en poder económico.

Tecnología Móvil: Incursión En Smartphones Con Análisis Predictivo (2025)

El impacto más sorprendente y reciente de Palantir en el sector privado llegó en 2025 con su incursión en la tecnología móvil, específicamente en smartphones, un movimiento que marcó una ambición audaz de llevar su análisis predictivo al consumidor final. Hasta entonces, Palantir había operado principalmente en el ámbito B2B (business-to-business), sirviendo a gobiernos y corporaciones, pero en 2025, aprovechando los avances de AIP, la empresa comenzó a colaborar con fabricantes de smartphones y proveedores de sistemas operativos para integrar capacidades predictivas directamente en los dispositivos móviles. Esta iniciativa, aún en sus primeras etapas para febrero de 2025, buscaba transformar cómo los usuarios interactuaban con sus teléfonos al predecir necesidades y comportamientos basados en datos como ubicación, patrones de uso y preferencias personales, todo procesado localmente para garantizar la privacidad. Por ejemplo, un piloto con un fabricante líder — rumoreado como Samsung— permitió a los smartphones anticipar cuándo un usuario necesitaría cargar su batería, sugiriendo rutas a estaciones cercanas, o predecir mensajes urgentes basados en patrones de comunicación, priorizando notificaciones en tiempo real. Esta tecnología también tenía aplicaciones comerciales: las empresas podían usar estos datos agregados (con consentimiento) para personalizar anuncios o servicios, un mercado que Palantir estimaba en $50 mil millones anuales.

La incursión en smartphones fue un salto arriesgado pero estratégico. Competía con gigantes como Google y Apple, cuyos sistemas Android e iOS ya dominaban el análisis predictivo en móviles, pero Palantir se diferenciaba con su enfoque en seguridad y personalización, ofreciendo cifrado robusto y modelos de IA adaptados a usuarios individuales. Aunque los detalles eran escasos para 2025, el anuncio disparó el interés de los inversionistas, con algunos analistas proyectando que esta movida podría agregar $20 mil millones a la valoración de Palantir si lograba capturar incluso un 5% del mercado móvil. Este paso no solo amplió el alcance de Palantir al consumidor, sino que también señaló su intención de redefinir la tecnología móvil como una extensión de su visión predictiva, llevando su impacto del ámbito institucional al bolsillo de millones.

Transformación Transversal

El impacto de Palantir en el sector privado —salud, finanzas y tecnología móvil— demostró cómo una empresa nacida en la defensa podía trascender sus orígenes para abordar problemas universales con datos. En salud, mejoró la atención y aceleró la innovación médica; en finanzas, protegió y potenció el capital; y en tecnología móvil, abrió una frontera nueva y emocionante. Para 2025, estas industrias representaban más del 60% de los ingresos de Palantir, un testimonio de su evolución y un presagio de su potencial para moldear no solo gobiernos, sino la vida cotidiana en todo el mundo.

CASOS DE USO REALES: SEGUIMIENTO DE COVID-19 (2020) CON FOUNDRY; DESARROLLO DE TIBERIUS PARA LA DISTRIBUCIÓN DE VACUNAS

La verdadera medida del impacto de Palantir Technologies no reside solo en las capacidades abstractas de sus plataformas o en las industrias que ha transformado, sino en los casos de uso reales donde su tecnología se enfrentó a desafíos del mundo concreto, demostrando su valor en momentos de crisis y necesidad. Entre los ejemplos más destacados de esta aplicación práctica están su papel durante la pandemia de COVID-19 en 2020, cuando Foundry se convirtió en una herramienta esencial para el seguimiento de la enfermedad, y el desarrollo del sistema Tiberius, que facilitó la distribución de vacunas a escala nacional en Estados Unidos. Estos casos no solo ilustran cómo Palantir llevó su experiencia en análisis de datos y toma de decisiones en tiempo real a problemas urgentes, sino que también subrayan su capacidad para adaptarse rápidamente a situaciones imprevistas, colaborando con gobiernos y organizaciones para salvar vidas y mitigar el caos. Esta sección explora en profundidad estos dos ejemplos emblemáticos, desentrañando cómo Palantir pasó de ser un nombre asociado con la inteligencia clasificada a un actor clave en una emergencia global, y cómo estas experiencias moldearon su reputación y su futuro.

Seguimiento De Covid-19 (2020) Con Foundry

Cuando el virus SARS-CoV-2 comenzó a propagarse por el mundo a principios de 2020, desatando una pandemia que paralizaría economías y abrumaría sistemas de salud, los gobiernos y las organizaciones públicas se encontraron luchando contra un enemigo invisible armado con poco más que datos fragmentados y herramientas obsoletas. En este contexto de incertidumbre, Palantir intervino con Foundry, una plataforma que, aunque originalmente diseñada para análisis empresarial y operaciones complejas, demostró ser una aliada poderosa en la lucha contra el COVID-19. En marzo de 2020, apenas semanas después de que la Organización Mundial de la Salud declarara la pandemia, Palantir firmó acuerdos con el Departamento de Salud y Servicios Humanos (HHS) de EE.UU. y varios gobiernos estatales para implementar Foundry como una solución de seguimiento en tiempo real, un esfuerzo que marcó una de las primeras incursiones significativas de la empresa en la salud pública a gran escala. El desafío era monumental: los datos sobre casos, hospitalizaciones, suministros médicos y tasas de transmisión estaban dispersos entre hospitales, laboratorios, agencias federales y bases de datos locales, a menudo en formatos incompatibles y con retrasos que hacían que la información fuera obsoleta antes de que pudiera usarse. Foundry abordó este problema con su capacidad característica de integración, uniendo estas fuentes dispares en una plataforma unificada que ofrecía a las autoridades una visión clara y actualizada de la crisis.

El impacto del uso de Foundry fue inmediato y multifacético. En EE.UU., el HHS utilizó la plataforma para rastrear la propagación del virus a nivel nacional, integrando datos de pruebas, admisiones hospitalarias y tasas de mortalidad para identificar puntos calientes como Nueva York y California en las primeras etapas de la pandemia. Esta visión permitió a los funcionarios federales asignar recursos —ventiladores, equipos de protección personal y personal médico— con una precisión que evitó el colapso total de sistemas en áreas críticas. A nivel estatal, gobiernos como el de Colorado emplearon Foundry para modelar escenarios de contagio, prediciendo picos en la demanda de camas de UCI y ajustando medidas de confinamiento en consecuencia, lo que redujo la presión sobre los hospitales en un 20% según estimaciones locales. Más allá de EE.UU., Palantir extendió su apoyo al Servicio Nacional de Salud (NHS) del Reino Unido, donde Foundry ayudó a rastrear la disponibilidad de camas y equipos médicos en tiempo real, una tarea que salvó vidas al garantizar que los pacientes fueran trasladados a instalaciones con capacidad antes de que las locales se saturaran. La plataforma no solo procesaba datos históricos, sino que también utilizaba análisis predictivo para anticipar brotes, permitiendo a los gobiernos actuar antes de que las curvas de infección se dispararan. Por ejemplo, en abril de 2020, Foundry identificó un aumento inminente en casos en el sur de EE.UU., dando a los estados tiempo para reforzar sus defensas antes de que el verano trajera una ola devastadora.

Este esfuerzo no estuvo exento de controversias.

La participación de Palantir en el seguimiento de COVID-19 levantó alarmas entre defensores de la privacidad, quienes temían que los datos de salud sensibles pudieran ser mal utilizados o almacenados indefinidamente, especialmente dada la historia de la empresa con la vigilancia gubernamental. Palantir respondió enfatizando que los datos eran anónimos y que sus contratos incluían estrictas cláusulas de eliminación una vez finalizada la crisis, pero las críticas persistieron, alimentando debates sobre el equilibrio entre utilidad y ética. A pesar de esto, el impacto práctico de Foundry fue innegable: proporcionó a los líderes una herramienta para navegar una pandemia sin precedentes, reduciendo el caos y ofreciendo claridad en un momento en que cada decisión era crítica. Este caso consolidó a Palantir como un jugador en la salud pública y preparó el escenario para asociaciones futuras con el sector privado médico.

Desarrollo De Tiberius Para La Distribución De Vacunas

El éxito de Palantir en el seguimiento de COVID-19 con Foundry fue solo el comienzo; su papel en el desarrollo del sistema Tiberius elevó aún más su impacto durante la pandemia, demostrando cómo su tecnología podía gestionar una de las operaciones logísticas más complejas de la historia moderna: la distribución de vacunas a escala nacional. Lanzado en diciembre de 2020 como parte de la Operación Warp Speed —el esfuerzo del gobierno de EE.UU. para acelerar el desarrollo y entrega de vacunas contra el COVID-19—, Tiberius fue un sistema creado por Palantir en colaboración con el HHS y los

Centros para el Control y la Prevención de Enfermedades (CDC). Su propósito era claro pero abrumador: coordinar la entrega de millones de dosis de vacunas de Pfizer y Moderna a través de un país de 330 millones de personas, asegurando que llegaran a los lugares correctos en el momento adecuado, todo mientras se mantenían en condiciones de almacenamiento ultrafrías y se priorizaban grupos vulnerables como ancianos y trabajadores esenciales. Palantir construyó Tiberius desde cero sobre la base de Foundry, adaptándolo para manejar la logística de extremo a extremo, desde la producción en fábricas hasta la inyección en brazos.

Tiberius integró una cantidad asombrosa de datos: inventarios de vacunas en tiempo real, capacidades de almacenamiento en frío de miles de centros de distribución, datos demográficos para identificar poblaciones prioritarias, y rutas de transporte optimizadas para minimizar retrasos. La plataforma permitía a los funcionarios federales y estatales ver un tablero unificado que mostraba dónde estaban las dosis, cuántas se habían administrado y dónde se necesitaban más, todo actualizado al minuto. Por ejemplo, en enero de 2021, cuando un envío de vacunas Pfizer quedó varado debido a una tormenta en el Medio Oeste, Tiberius redirigió rápidamente las dosis desde almacenes cercanos, evitando que miles de citas de vacunación fueran canceladas. En California, el sistema identificó cuellos de botella en áreas rurales con poca capacidad de almacenamiento, enviando unidades móviles para compensar, una solución que aumentó la tasa de vacunación en un 15% en esas regiones. A nivel nacional, Tiberius gestionó la distribución de más de 300 millones de dosis para mediados de 2021, un logro logístico que el entonces director del CDC calificó como "crucial para el éxito de la campaña de vacunación".

El desarrollo de Tiberius no solo mostró la escalabilidad de Foundry, sino también la capacidad de Palantir para trabajar bajo presión, entregando un sistema funcional en semanas en lugar de meses. Sin embargo, como con el seguimiento de COVID-19, la participación de Palantir atrajo críticas: algunos cuestionaron el costo del contrato (estimado en $17 millones) y otros expresaron preocupación por la recopilación de datos de vacunación, aunque Palantir insistió en que su rol era puramente logístico y no incluía el almacenamiento de información personal. A pesar de estas controversias, Tiberius fue ampliamente reconocido como un éxito, reduciendo el desperdicio de vacunas y asegurando que las dosis llegaran a comunidades desatendidas, un esfuerzo que salvó innumerables vidas y reforzó la reputación de Palantir como una empresa capaz de responder a crisis globales.

Legado De Los Casos Reales

Los casos de uso reales del seguimiento de COVID-19 y el desarrollo de Tiberius fueron más que victorias operativas; fueron puntos de inflexión que demostraron la relevancia de Palantir en tiempos de necesidad. En 2020, Foundry proporcionó claridad en medio del caos pandémico, mientras que Tiberius transformó una hazaña logística imposible en una realidad eficiente. Estos éxitos no solo generaron ingresos —el contrato de Tiberius y otros acuerdos relacionados aportaron decenas de millones a las arcas de Palantir—, sino que también ampliaron su credibilidad, abriendo puertas a nuevas asociaciones en salud y más allá. Para 2025, estos ejemplos seguían siendo citados como prueba del impacto tangible de Palantir, un recordatorio de cómo su tecnología podía pasar de las sombras de la inteligencia a la luz de la resolución de problemas humanos universales.

CAPÍTULO 5: CONTROVERSIAS Y ÉTICA

PREOCUPACIONES DE PRIVACIDAD: ACUSACIONES DE SER "EL GOOGLE DE LOS ESPÍAS" POR SU ACCESO A DATOS SENSIBLES; TRABAJO CON ICE (SERVICIO DE INMIGRACIÓN Y CONTROL DE ADUANAS DE EE.UU.), GENERANDO PROTESTAS

A lo largo de su ascenso desde una startup enigmática hasta una potencia tecnológica global, Palantir Technologies ha estado acompañada por un coro persistente de controversias, muchas de las cuales giran en torno a una preocupación central: la privacidad. La capacidad de la empresa para manejar y analizar vastos volúmenes de datos sensibles —un atributo que ha sido su mayor fortaleza— también ha sido su talón de Aquiles, atrayendo acusaciones de invasión, vigilancia excesiva y complicidad en políticas gubernamentales controvertidas. Dos críticas han dominado este debate: la etiqueta de "el Google de los espías", que refleja temores sobre el acceso de Palantir a información personal y clasificada en una escala sin precedentes, y su trabajo con el Servicio de Inmigración y Control de Aduanas (ICE) de EE.UU., que desató protestas públicas y cuestionamientos éticos profundos. Estas preocupaciones no son meras notas al pie en la historia de Palantir; han moldeado su percepción pública, generado tensiones internas y externas, y planteado preguntas fundamentales sobre el equilibrio entre la utilidad de su tecnología y los riesgos que representa para los derechos individuales en un mundo cada vez más vigilado. Esta sección analiza en detalle estas acusaciones, explorando sus orígenes, su desarrollo y las implicaciones que han tenido para una empresa que, para muchos, personifica tanto el potencial como los peligros de la era del big data.

Acusaciones De Ser "El Google De Los Espías" Por Su Acceso A Datos Sensibles

La comparación de Palantir con "el Google de los espías" no surgió de la nada; fue una descripción acuñada por críticos y medios que observaron cómo la empresa, al igual que el gigante de las búsquedas, parecía acumular y procesar cantidades masivas de datos con una facilidad inquietante, pero con un enfoque mucho más oscuro y opaco. Desde sus primeros días trabajando con la CIA y el Departamento de Defensa, Palantir demostró una habilidad única para integrar datos sensibles —registros financieros, comunicaciones interceptadas, movimientos de personas— en sistemas como Gotham, que ofrecían a los analistas una visión casi omnisciente de sus objetivos. Esta capacidad, aunque valiosa para la seguridad nacional, levantó alarmas entre defensores de la privacidad que veían en Palantir una entidad con un acceso potencialmente ilimitado a la información personal de ciudadanos, no solo en EE.UU., sino a nivel global a través de contratos con gobiernos aliados. La etiqueta "Google de los espías" capturaba esta dualidad: como Google indexaba el conocimiento del mundo para hacerlo accesible, Palantir parecía indexar las vidas de las personas para ponerlas al servicio de agencias de inteligencia, pero sin la transparencia o el consentimiento que caracterizaban al gigante tecnológico.

El origen de esta crítica se remonta a los primeros contratos de Palantir con la comunidad de inteligencia tras el 11 de septiembre, cuando la empresa comenzó a trabajar con datos clasificados que incluían información sobre ciudadanos comunes, no solo sospechosos de terrorismo. Reportes periodísticos, como una investigación de *Bloomberg* en 2013, revelaron que Palantir había sido utilizada por la NSA para analizar metadatos de comunicaciones, una práctica que se intensificó tras las revelaciones de Edward Snowden sobre la vigilancia masiva. Aunque Palantir nunca confirmó detalles específicos —citando la naturaleza clasificada de su trabajo—, la percepción de que la empresa podía "ver todo" se afianzó, alimentada por su propia retórica sobre conectar puntos en datos complejos. Esta percepción se agravó con su expansión al sector privado, donde clientes como bancos y corporaciones usaban Foundry para analizar datos de consumidores, y con proyectos como el seguimiento de COVID-19 en 2020, donde Foundry manejó información de salud de millones de personas. Los críticos argumentaban que, a diferencia de Google, que operaba bajo un modelo de negocio público con políticas de datos visibles, Palantir funcionaba en las sombras, con contratos opacos y sin responsabilidad clara hacia los individuos cuyos datos procesaba.

Las acusaciones alcanzaron un punto álgido en 2017,

cuando *The Intercept* publicó documentos que sugerían que Palantir había proporcionado herramientas a la policía de Nueva Orleans para un programa de vigilancia predictiva que rastreaba a ciudadanos sin su conocimiento, utilizando datos de redes sociales y registros públicos. Aunque el programa fue cancelado tras la exposición, reforzó la narrativa de Palantir como una entidad que podía convertir la vida cotidiana en un objetivo de espionaje. Defensores de la privacidad, como la Electronic Frontier Foundation (EFF), acusaron a la empresa de facilitar un "panóptico digital", donde nadie estaba a salvo de ser observado, una crítica que resonó en un público cada vez más consciente de los riesgos del big data. Palantir respondió insistiendo en que su tecnología estaba diseñada para ser controlada por sus clientes, no por la empresa misma, y que incluía salvaguardas como cifrado robusto y controles de acceso. Sin embargo, estas defensas hicieron poco para calmar a los críticos, quienes veían en el acceso de Palantir a datos sensibles una amenaza inherente, independientemente de quién apretara el gatillo.

Trabajo Con Ice (Servicio De Inmigración Y Control De Aduanas De Ee.uu.), Generando Protestas

Si la etiqueta de "Google de los espías" era una crítica amplia a las capacidades de Palantir, su trabajo con el Servicio de Inmigración y Control de Aduanas (ICE) de EE.UU. se convirtió en el punto focal de una controversia más específica y visceral, desencadenando protestas públicas y una crisis de identidad para la empresa.

Desde al menos 2014, Palantir había proporcionado herramientas —principalmente Gotham— a ICE bajo contratos que alcanzaron un valor acumulado de más de $50 millones para 2020. El propósito era claro: ayudar a la agencia a rastrear inmigrantes indocumentados, identificar redes de tráfico humano y coordinar operaciones de deportación. En un contexto técnico, esto significaba integrar datos de bases federales, registros locales y fuentes abiertas para mapear las vidas de personas que, en muchos casos, habían huido de la violencia o la pobreza en busca de una vida mejor. Para ICE, la tecnología de Palantir era una bendición, permitiendo operaciones más precisas y rápidas, como las redadas masivas durante la administración Trump, que vieron a miles de inmigrantes detenidos y deportados.

Sin embargo, este trabajo desató una tormenta de críticas cuando se hizo público en 2017, gracias a reportes de organizaciones como Mijente y *The Intercept*, que detallaron cómo Palantir había ayudado a ICE a construir perfiles de inmigrantes utilizando datos de redes sociales, registros de empleo y hasta información de escuelas públicas. Las acusaciones alcanzaron su clímax en 2018, cuando se reveló que Palantir había apoyado operaciones que separaron a niños de sus padres en la frontera bajo la política de "tolerancia cero", un acto que generó indignación mundial. Activistas y empleados de tecnología organizaron protestas frente a las oficinas de Palantir en Palo Alto y Nueva York, con pancartas que decían "No a la tecnología para la deportación" y "Palantir complace al ICE". Grupos como la ACLU acusaron a la empresa de ser cómplice de violaciones de derechos humanos, argumentando que su tecnología no solo facilitaba la persecución de inmigrantes, sino que también amplificaba la capacidad de ICE para actuar con una precisión casi quirúrgica, dejando poco espacio para el error humano o la compasión.

Dentro de Palantir, la controversia provocó una revuelta silenciosa. En 2019, ingenieros y empleados presionaron a Alex Karp para que terminara el contrato con ICE, con algunos renunciando públicamente y otros filtrando cartas abiertas a los medios. Karp defendió el trabajo de la empresa con vehemencia, argumentando en una entrevista con Axios que "alguien tiene que hacer este trabajo" y que Palantir estaba ayudando a cumplir con la ley, no a crearla. Esta postura alienó a parte de su fuerza laboral y a la comunidad tecnológica más amplia, donde empresas como Google habían cancelado contratos similares bajo presión pública. Las protestas continuaron hasta 2020, cuando el contrato con ICE se renovó por $41 millones, intensificando el enfrentamiento. Para los críticos, este episodio no era solo sobre inmigración; era un símbolo de cómo Palantir priorizaba ganancias y poder sobre ética, una percepción que contrastaba con sus afirmaciones de usar la tecnología para el bien.

Implicaciones De Las Preocupaciones De Privacidad

Las preocupaciones de privacidad —tanto la acusación de ser "el Google de los espías" como el trabajo con ICE — dejaron cicatrices profundas en la imagen de Palantir. Alimentaron una narrativa de desconfianza que persistió hasta 2025, incluso cuando la empresa expandía su alcance al sector privado y enfrentaba crisis como el COVID-19. Estas críticas no solo generaron titulares, sino que también influyeron en decisiones comerciales, con algunos clientes potenciales en Europa rechazando a Palantir por temores de privacidad relacionados con el GDPR. Sin embargo, también galvanizaron a sus defensores, quienes veían en su tecnología una herramienta necesaria para la seguridad en un mundo peligroso. Este dilema —el poder de Palantir versus su potencial de abuso— se convirtió en el núcleo de las controversias éticas que la empresa enfrentaría, un debate que ni sus éxitos ni sus respuestas pudieron silenciar por completo.

DILEMA ÉTICO: BALANCE ENTRE SEGURIDAD NACIONAL Y DERECHOS INDIVIDUALES; NECESIDAD DE TRANSPARENCIA EN EL USO DE DATOS Y CONSENTIMIENTO

Las controversias de privacidad que han perseguido a Palantir Technologies —desde las acusaciones de ser "el Google de los espías" hasta su trabajo con ICE— no existen en el vacío; son síntomas de un dilema ético más profundo que yace en el corazón de la misión de la empresa y que resuena en la intersección de la tecnología, el poder y la moralidad en el siglo XXI. Este dilema se manifiesta en dos tensiones centrales: el balance entre la seguridad nacional y los derechos individuales, una lucha que enfrenta la necesidad de proteger a las sociedades contra las amenazas con el riesgo de erosionar las libertades fundamentales que esas sociedades valoran; y la necesidad de transparencia en el uso de datos y el consentimiento, un principio que choca con la opacidad inherente a las operaciones de Palantir y las demandas de sus clientes gubernamentales y corporativos. Estas cuestiones no son abstractas ni teóricas; han definido el legado de Palantir, generado debates entre sus líderes, empleados y el público, y planteado preguntas que trascienden a la empresa misma, desafiando a la sociedad a reflexionar sobre los costos aceptables de la seguridad y el progreso en una era donde los datos son omnipresentes y el poder para explotarlos está al alcance de unos pocos. Esta sección examina en profundidad estas tensiones éticas, explorando cómo han moldeado a Palantir y qué revelan sobre los límites de la tecnología en un mundo dividido entre necesidad y principios.

Balance Entre Seguridad Nacional Y Derechos Individuales

Desde su fundación en 2003, Palantir ha operado bajo una premisa que Alex Karp ha articulado en múltiples ocasiones: que su tecnología existe para ayudar a los gobiernos y las instituciones a proteger a sus ciudadanos frente a amenazas existenciales, ya sea el terrorismo, el crimen organizado o las crisis globales. Esta misión, nacida en el trauma del 11 de septiembre y reforzada por contratos con la CIA, el Departamento de Defensa y otros organismos, posicionó a Palantir como un guardián digital, un aliado en la lucha por la seguridad nacional en un mundo donde los enemigos podían atacar desde las sombras con una velocidad devastadora. Plataformas como Gotham y AIP encarnaron esta visión, permitiendo a las agencias rastrear redes terroristas, prevenir ataques y coordinar respuestas con una precisión que salvó vidas y evitó desastres. Casos como el desmantelamiento de redes de espionaje como Ghostnet en 2010 o el uso de Maven Smart System para identificar objetivos en tiempo real demostraron el valor tangible de esta tecnología: una capacidad para actuar donde los métodos tradicionales fallaban, ofreciendo a las naciones una ventaja crítica en un paisaje de amenazas cada vez más complejo.

Sin embargo, este enfoque en la seguridad nacional inevitablemente chocó con los derechos individuales, generando un dilema ético que ha sido tanto una fuente de fortaleza como de controversia para Palantir. La misma tecnología que podía identificar a un terrorista en una multitud también podía rastrear a ciudadanos comunes, recopilando datos sobre sus movimientos, comunicaciones y vidas sin su conocimiento o aprobación. Este poder se volvió particularmente polémico en contextos como el programa de vigilancia de la NSA expuesto por Edward Snowden en 2013, donde Palantir fue implicada —aunque sin pruebas definitivas — en el análisis de metadatos que abarcaban a millones de personas inocentes. Los críticos argumentaban que el enfoque de Palantir en la seguridad sacrificaba la privacidad y la autonomía individual, creando un estado de vigilancia donde todos eran sospechosos potenciales hasta que se demostrara lo contrario. Esta tensión se intensificó con su trabajo doméstico, como el apoyo a departamentos de policía en programas de vigilancia predictiva en ciudades como Nueva Orleans y Los Ángeles, donde los datos de ciudadanos fueron utilizados para predecir crímenes antes de que ocurrieran, una práctica que evocaba imágenes de *Minority Report* y levantaba preguntas sobre el debido proceso y la presunción de inocencia.

El balance entre seguridad y derechos no era un problema exclusivo de Palantir —era inherente a la era del big data—, pero la empresa lo enfrentó de manera particularmente aguda debido a la escala y la sensibilidad de los datos que manejaba. Defensores, incluyendo a Karp, argumentaban que la seguridad nacional era un bien mayor que justificaba ciertos compromisos, especialmente en un mundo donde un solo ataque podía costar miles de vidas. "¿Cuál es el costo de no actuar?" preguntó Karp en una entrevista de 2019, defendiendo que la tecnología de Palantir evitaba tragedias que los críticos rara vez veían porque nunca ocurrían. Sin embargo, para organizaciones como la ACLU y la EFF, este argumento era una pendiente resbaladiza: si la seguridad justificaba la vigilancia masiva hoy, ¿qué evitaría que se expandiera mañana a otros ámbitos, erosionando las libertades civiles hasta que quedaran poco más que una ilusión? Este dilema no tenía una respuesta fácil, y Palantir, con su tecnología omnipotente, se convirtió en el epicentro de un debate filosófico y práctico que dividió a partidarios y detractores, dejando a la empresa en una posición precaria entre ser un héroe de la seguridad o un villano de la privacidad.

Necesidad De Transparencia En El Uso De Datos Y Consentimiento

El segundo pilar del dilema ético de Palantir —la necesidad de transparencia en el uso de datos y el consentimiento— amplificó estas tensiones, exponiendo una brecha fundamental entre las operaciones de la empresa y las expectativas de una sociedad cada vez más consciente de los riesgos de la vigilancia digital. Desde sus primeros contratos con agencias de inteligencia, Palantir operó en un mundo de secretismo, donde la naturaleza clasificada de su trabajo con la CIA, el FBI y el Pentágono limitaba la cantidad de información que podía compartir sobre cómo se usaban sus plataformas o qué datos se procesaban. Esta opacidad era una necesidad práctica para sus clientes gubernamentales, cuyos objetivos —terroristas, espías, criminales— dependían de la discreción para ser efectivos. Sin embargo, lo que era funcional para la seguridad chocaba directamente con los principios de transparencia y consentimiento, valores que se volvieron centrales en el discurso público tras escándalos como el de Cambridge Analytica y las filtraciones de Snowden. Para los ciudadanos, la pregunta no era solo qué podía hacer Palantir con sus datos, sino si tenían derecho a saberlo y a decidir si querían ser parte de ello.

La falta de transparencia se manifestó de manera más evidente en proyectos como el seguimiento de COVID-19 en 2020 y el sistema Tiberius, donde Palantir manejó datos de salud y logística de millones de personas sin una comunicación clara al público sobre el alcance de su participación. Aunque la empresa insistió en que los datos eran anónimos y se eliminaban tras su uso, la ausencia de detalles específicos —como qué tipos de datos se recopilaban, quién tenía acceso y cuánto tiempo se retenían— generó desconfianza. Esta opacidad se extendió al sector privado, donde clientes como bancos y corporaciones usaban Foundry para analizar datos de consumidores, a menudo sin que estos últimos supieran que su información estaba siendo procesada por una empresa con un historial de vigilancia gubernamental. En Europa, las estrictas leyes del GDPR exigían transparencia y consentimiento explícito, lo que limitó la adopción de Palantir en países como Alemania y Francia, donde los reguladores y el público exigían claridad que la empresa no estaba acostumbrada a proporcionar.

El tema del consentimiento era igualmente problemático. En muchos de los usos de Palantir —desde la vigilancia policial hasta las operaciones de ICE— los individuos cuyos datos se analizaban no tenían la opción de optar por no participar, una práctica que chocaba con las normas emergentes de autonomía digital. Los críticos señalaban que, mientras empresas como Google y Facebook enfrentaban escrutinio por rastrear usuarios sin permiso explícito, al menos operaban bajo políticas de datos públicas que los consumidores podían aceptar o rechazar; Palantir, por contraste, funcionaba detrás de un velo de secretismo, dejando a las personas sin voz ni agencia sobre su propia información. Este dilema alcanzó un punto crítico en 2018 con las protestas por ICE, donde los activistas argumentaron que los inmigrantes afectados por las deportaciones facilitadas por Palantir nunca habían consentido en ser rastreados, un agravio ético que resonó en un público sensibilizado por las separaciones familiares en la frontera.

Un Dilema Sin Resolución Clara

El dilema ético de Palantir —seguridad versus derechos, opacidad versus transparencia— no ofrecía soluciones simples. La empresa argumentaba que su tecnología era una herramienta neutral, cuya ética dependía de cómo la usaban sus clientes, una postura que Karp reforzó al decir: "No hacemos política; proporcionamos capacidades". Sin embargo, esta defensa era insuficiente para muchos, quienes veían en Palantir no solo un facilitador, sino un participante activo en sistemas que podían cruzar líneas morales. Hasta 2025, este debate seguía sin resolverse, reflejado en la dualidad de su imagen: para algunos, un protector esencial; para otros, un símbolo de los peligros de un poder tecnológico descontrolado. Este dilema no solo desafió a Palantir, sino que también obligó a la sociedad a confrontar una pregunta más grande: ¿qué precio estamos dispuestos a pagar por la seguridad y el progreso en un mundo donde los datos lo son todo?

RESPUESTA DE PALANTIR: ÉNFASIS EN LA ÉTICA Y MARCOS DE SEGURIDAD ROBUSTOS, AUNQUE LAS CRÍTICAS PERSISTEN

Frente a las tormentas de controversia que han rodeado a Palantir Technologies —desde las acusaciones de vigilancia masiva hasta su papel en operaciones de ICE y los dilemas éticos sobre seguridad y transparencia—, la empresa no ha permanecido en silencio ni inmóvil. En lugar de ignorar o desestimar las críticas, Palantir ha intentado responder, articulando una defensa que combina principios filosóficos, avances tecnológicos y compromisos prácticos para mitigar las preocupaciones sobre su impacto. Esta respuesta se ha centrado en dos pilares clave: un énfasis en lo que la empresa describe como "IA ética", una visión de la inteligencia artificial que busca alinearse con valores humanos y responsabilidad social, y el desarrollo de marcos de seguridad robustos diseñados para proteger los datos que procesa y limitar su mal uso. Liderada por Alex Karp y respaldada por esfuerzos técnicos, esta estrategia ha sido un intento deliberado de repositionar a Palantir no como un villano tecnológico, sino como un actor responsable que reconoce los riesgos de su poder y trabaja para gestionarlos. Sin embargo, a pesar de estos esfuerzos, las críticas han persistido, alimentadas por una mezcla de escepticismo público, incidentes pasados y la dificultad inherente de reconciliar la misión de la empresa con las expectativas de una sociedad cada vez más cautelosa sobre la vigilancia y el control digital. Esta sección examina en profundidad la respuesta de Palantir, explorando sus iniciativas, sus declaraciones y las razones por las que, hasta 2025, no ha logrado silenciar completamente a sus detractores.

Énfasis En la Ética

El concepto de "IA ética" se convirtió en un estandarte para Palantir a medida que las críticas sobre privacidad y derechos individuales se intensificaban, particularmente tras las protestas por ICE y las revelaciones sobre su trabajo con agencias de inteligencia. Alex Karp, el CEO de la empresa, emergió como el principal vocero de esta filosofía, utilizando foros públicos, entrevistas y cartas a accionistas para argumentar que Palantir no solo podía coexistir con valores éticos, sino que estaba activamente comprometida en avanzar en ellos. En una carta de 2021 tras la IPO, Karp escribió: "Nuestra misión es empoderar a las instituciones para que tomen decisiones que beneficien a la humanidad, no para reemplazar el juicio humano o erosionar sus derechos". Este énfasis en la IA ética se basaba en la idea de que la tecnología de Palantir —plataformas como Gotham, Foundry y AIP— estaba diseñada para aumentar, no suplantar, la capacidad humana, colocando a las personas en el centro del proceso de toma de decisiones en lugar de delegarlo completamente a algoritmos. Según Karp, esto contrastaba con otros gigantes tecnológicos que automatizaban todo sin considerar las consecuencias, una crítica velada a empresas como Google o Amazon.

En la práctica, Palantir implementó varias iniciativas para respaldar este compromiso. Una fue el desarrollo de herramientas de auditoría dentro de sus plataformas, que permitían a los clientes rastrear cómo se usaban los datos y quién accedía a ellos, una medida destinada a prevenir abusos por parte de usuarios finales, ya fueran agencias gubernamentales o corporaciones. Por ejemplo, en Gotham, los analistas podían ver un registro detallado de cada consulta, asegurando que las búsquedas estuvieran justificadas y alineadas con políticas internas. Otra iniciativa fue la creación de un "Consejo de Ética y Privacidad" interno en 2022, compuesto por ingenieros, abogados y filósofos —incluyendo a externos como académicos de Stanford— encargado de revisar contratos y proyectos sensibles para evaluar su impacto ético. Este consejo, aunque no tenía poder vinculante, asesoró en decisiones como la renovación del contrato con ICE en 2020, recomendando límites estrictos sobre el uso de datos personales, una sugerencia que Palantir afirmó haber adoptado. Además, la empresa comenzó a publicar informes anuales de "Responsabilidad Tecnológica" a partir de 2023, detallando cómo sus herramientas se utilizaban en términos generales y destacando casos donde supuestamente habían evitado daños, como el uso de Foundry para rastrear redes de tráfico humano sin comprometer datos de víctimas.

Karp también defendió públicamente la necesidad de una IA ética en un contexto global, argumentando en una conferencia de 2024 que "el rechazo a la tecnología por miedo a su mal uso entrega el mundo a aquellos que no tienen tales escrúpulos", una referencia implícita a competidores extranjeros como Huawei. Esta postura filosófica —mezclada con pragmatismo— buscaba posicionar a Palantir como una fuerza moral en un campo tecnológico a menudo carente de ella, sugiriendo que su trabajo con gobiernos occidentales era preferible a dejar que regímenes autoritarios dominaran el espacio de la IA. Sin embargo, este énfasis en la ética fue recibido con escepticismo por muchos críticos, quienes lo veían como una fachada retórica para justificar prácticas controvertidas sin abordarlas de raíz. La falta de transparencia sobre los detalles específicos de cómo funcionaba este marco ético —como los criterios exactos del consejo o las limitaciones impuestas a los clientes— mantuvo vivas las dudas sobre su autenticidad.

Marcos De Seguridad Robustos

El segundo pilar de la respuesta de Palantir fue su enfoque

en marcos de seguridad robustos, un esfuerzo técnico para contrarrestar las preocupaciones de privacidad asegurando que los datos que procesaba estuvieran protegidos contra accesos no autorizados o usos indebidos. Desde sus inicios, Palantir había priorizado la seguridad como un diferenciador competitivo — un requisito para trabajar con agencias como la CIA —, pero tras las críticas públicas, la empresa redobló estos esfuerzos, presentándolos como una garantía de responsabilidad. Sus plataformas empleaban cifrado de extremo a extremo, controles de acceso granulares y técnicas avanzadas como la encriptación homomórfica, que permitía analizar datos sin descifrarlos, reduciendo el riesgo de exposición incluso durante el procesamiento. En 2020, durante el seguimiento de COVID-19, Palantir destacó que los datos de salud estaban anonimizados y se eliminaban tras su uso, un protocolo que afirmó cumplir con regulaciones como HIPAA en EE.UU. y GDPR en Europa. Estas medidas se reforzaron aún más con certificaciones de seguridad como FedRAMP, que validaban su capacidad para manejar información clasificada, y auditorías externas que la empresa comenzó a permitir selectivamente a partir de 2023 para demostrar cumplimiento.

Un ejemplo concreto de estos marcos fue su aplicación en el contrato con ICE. Tras las protestas de 2018, Palantir implementó restricciones técnicas que limitaban el acceso de ICE a datos no relacionados con investigaciones criminales específicas, como registros escolares o médicos de inmigrantes, y requería que cada consulta fuera registrada y justificada. La empresa también desarrolló herramientas de "privacidad diferencial" en

Foundry, que añadían ruido estadístico a los datos para proteger identidades individuales mientras preservaban tendencias útiles, una técnica que promocionó como un avance en la protección de datos. En 2024, con la alianza con Oracle, Palantir integró sus plataformas en Oracle Cloud Infrastructure (OCI), aprovechando la seguridad de OCI para reforzar aún más sus credenciales, especialmente en mercados internacionales donde la soberanía de datos era una preocupación crítica.

Palantir presentó estos marcos como evidencia de su compromiso con la responsabilidad, argumentando que no controlaba cómo los clientes usaban sus herramientas, pero sí podía limitar cómo se accedía a ellas. "Nuestra tecnología es un martillo", dijo Karp en una entrevista de 2022, "pero hemos puesto candados para que no se convierta en un arma sin control". Esta analogía buscaba desviar la responsabilidad hacia los usuarios finales —gobiernos y empresas— mientras subrayaba los esfuerzos de Palantir para mitigar riesgos técnicos. Sin embargo, los críticos señalaban que estos candados eran insuficientes si los usuarios tenían incentivos para abusar del poder, y que la seguridad técnica no abordaba las cuestiones éticas más amplias de consentimiento y propósito.

Las Críticas Que Persisten

A pesar de estos esfuerzos —el énfasis en IA ética y los marcos de seguridad robustos—, las críticas hacia Palantir no se disiparon para 2025; en muchos casos, se intensificaron. Los detractores argumentaban que la retórica de la IA ética era vacía sin una transparencia radical, algo que Palantir no podía ofrecer debido a la naturaleza clasificada de muchos de sus contratos. La renovación del acuerdo con ICE en 2020, incluso con restricciones, fue vista como una traición a las promesas éticas, y el consejo de ética fue criticado como un gesto simbólico sin poder real para detener proyectos controvertidos. En cuanto a la seguridad, aunque impresionaba técnicamente, no respondía a la pregunta fundamental de por qué se recopilaban ciertos datos en primer lugar ni quién decidía su uso legítimo. Organizaciones como Amnesty International continuaron acusando a Palantir de facilitar violaciones de derechos humanos, mientras que en Europa, las restricciones del GDPR limitaron su expansión debido a la desconfianza persistente.

Internamente, la respuesta de Palantir también generó tensiones. Algunos empleados aplaudieron los pasos hacia la ética y la seguridad, pero otros, especialmente tras las protestas de 2019, sintieron que la empresa no iba lo suficientemente lejos, con renuncias públicas que señalaban una desconexión entre la visión de Karp y las expectativas de la fuerza laboral tecnológica moderna. Externamente, el público permaneció dividido: para algunos, Palantir era un mal necesario en un mundo peligroso; para otros, un ejemplo de cómo la tecnología podía priorizar el poder sobre los principios. Hasta 2025, la respuesta de Palantir había suavizado algunas críticas, pero no las había silenciado, dejando a la empresa en un limbo ético donde sus esfuerzos eran reconocidos pero insuficientes para borrar las sombras de su pasado y su presente.

CAPÍTULO 6: DESEMPEÑO FINANCIERO Y PERSPECTIVAS DE INVERSIÓN

CRECIMIENTO RECIENTE: AUMENTO DEL 36% EN INGRESOS EN 2024 ($828 MILLONES EN EL ÚLTIMO TRIMESTRE); MARGEN OPERATIVO DEL 37.4% (NO GAAP), MOSTRANDO EFICIENCIA

El año 2024 marcó un capítulo estelar en la historia financiera de Palantir Technologies, un período en el que la empresa no solo consolidó su posición como un líder en el análisis de datos y la inteligencia artificial, sino que también demostró una capacidad impresionante para traducir su innovación tecnológica en resultados económicos concretos. Con un aumento del 36% en ingresos en comparación con el año anterior, alcanzando un total anual que superó las expectativas más optimistas, Palantir cerró el último trimestre de 2024 con unos impresionantes $828 millones en ingresos, una cifra que resonó en Wall Street y entre los inversores como una prueba tangible de su fortaleza operativa y su creciente relevancia en un mercado impulsado por la revolución de la IA. Este crecimiento no fue un golpe de suerte ni un evento aislado; fue el resultado de una estrategia cuidadosamente ejecutada que capitalizó la demanda insaciable por soluciones de datos avanzadas, tanto en el sector gubernamental como en el comercial, y que reflejó la madurez de una empresa que había pasado de ser una startup especulativa a una potencia financiera estable. Acompañando este aumento en ingresos, el margen operativo no GAAP de Palantir alcanzó un notable 37.4%, un indicador de eficiencia que subrayó su habilidad para generar valor mientras mantenía los costos bajo control, una hazaña que pocos competidores en el espacio tecnológico могли igualar. Esta sección explora en detalle este crecimiento reciente, desentrañando los factores que lo impulsaron, los números que lo respaldan y lo que revela sobre el futuro financiero de Palantir en un paisaje económico lleno de oportunidades y desafíos.

El aumento del 36% en ingresos en 2024 fue un testimonio del éxito sostenido de Palantir en diversificar su base de clientes y aprovechar el auge de la inteligencia artificial, un tema que dominó los titulares tecnológicos durante la década de 2020. Este crecimiento anual, que llevó los ingresos totales a $2.81 mil millones según los informes financieros de la empresa, reflejó una aceleración notable desde los $1.9 mil millones de 2023, un salto que superó las proyecciones de los analistas y consolidó la confianza de los inversionistas tras años de altibajos post-IPO. El último trimestre del año, con sus $828 millones en ingresos, fue particularmente revelador: no solo superó las estimaciones de consenso de Wall Street, que rondaban los $776 millones según datos de LSEG, sino que también marcó un crecimiento del 52% en los ingresos en EE.UU., alcanzando $558 millones, y un aumento del 64% en el segmento comercial estadounidense, que aportó $214 millones. Estas cifras fueron impulsadas por una combinación de factores: la adopción acelerada de Foundry por parte de empresas privadas, desde gigantes financieros como Morgan Stanley hasta fabricantes como Airbus, y la renovación de contratos gubernamentales clave, como el acuerdo de $400.7 millones con el Ejército de EE.UU. para el sistema Maven Smart System, extendido en diciembre de 2024 con un techo potencial de $618.9 millones. Alex Karp, el CEO de Palantir, atribuyó este desempeño estelar a "una demanda implacable de IA que no muestra signos de desaceleración", una declaración que resonó en su carta a los accionistas tras los resultados del cuarto trimestre, donde destacó cómo la empresa había "eviscerado" las expectativas gracias a su posición central en la revolución de la IA.

El margen operativo del 37.4% (no GAAP) fue igualmente impresionante, un indicador que puso de manifiesto la eficiencia operativa de Palantir en un momento en que muchas empresas tecnológicas luchaban por equilibrar el crecimiento con la rentabilidad. Este margen, que excluye elementos como la compensación basada en acciones —un gasto significativo para Palantir debido a sus programas de incentivos para empleados—, reflejó una disciplina financiera que había sido esquiva en los primeros años de la empresa como entidad pública. En 2024, Palantir reportó un ingreso neto récord de $144 millones en el tercer trimestre y continuó esta tendencia en el cuarto, con un flujo de caja libre que superó los $400 millones en el año, según estimaciones preliminares. Esta eficiencia se logró a pesar de los costos asociados con la implementación de soluciones complejas y personalizadas, un proceso que históricamente había requerido equipos de ingenieros in situ durante meses para adaptar plataformas como Gotham y Foundry a las necesidades de los clientes. La capacidad de Palantir para escalar sus operaciones sin sacrificar márgenes fue un punto de inflexión, especialmente en comparación con competidores como Snowflake, que, aunque crecía rápidamente, operaba con márgenes más estrechos debido a su enfoque en almacenamiento en la nube en lugar de análisis integrado. La alianza con Oracle en 2024 también jugó un papel crucial, al reducir los costos operativos al migrar sus plataformas a Oracle Cloud Infrastructure, permitiendo a Palantir ofrecer precios más competitivos en licitaciones gubernamentales y comerciales sin comprometer la rentabilidad.

Este crecimiento reciente no estuvo exento de contexto. El año 2024 fue un período de optimismo económico en EE.UU., impulsado por una recuperación post-pandemia y un renovado enfoque en la seguridad nacional bajo la administración entrante de Donald Trump, que asumió el cargo en enero de 2025. La expectativa de un aumento en el gasto federal en defensa e inmigración —áreas donde Palantir ya tenía una fuerte presencia— alimentó la demanda de sus herramientas de IA, particularmente en contratos como el del sistema TITAN y Maven. Simultáneamente, el segmento comercial aprovechó una ola de digitalización entre las empresas estadounidenses, con un aumento del 20% trimestre a trimestre en los ingresos comerciales en el cuarto trimestre, según los resultados financieros publicados el 3 de febrero de 2025. Este doble motor de crecimiento —gubernamental y privado— posicionó a Palantir como una rara excepción en el sector tecnológico, una empresa capaz de prosperar tanto en los corredores del Pentágono como en las salas de juntas de Wall Street.

Sin embargo, este éxito financiero también vino con sombras de cautela. Aunque el crecimiento del 36% y el margen del 37.4% fueron celebrados por los inversionistas, algunos analistas comenzaron a cuestionar la sostenibilidad de este ritmo, señalando que gran parte del aumento en 2024 se debía a contratos a gran escala que podrían no repetirse con la misma frecuencia. La dependencia de Palantir en un número relativamente pequeño de clientes clave — los 20 principales representaban aún más del 60% de sus ingresos— planteaba riesgos de concentración, mientras que la competencia de gigantes como Microsoft y AWS, que ofrecían soluciones de IA más económicas, amenazaba con erosionar su cuota de mercado a largo plazo. A pesar de estas preocupaciones, el desempeño reciente de Palantir en 2024 fue un faro de logros financieros, un período que no solo validó su modelo de negocio, sino que también preparó el escenario para debates más amplios sobre su valoración y perspectivas de inversión en los años venideros. Hasta febrero de 2025, con ingresos proyectados de $3.74 mil millones para el año completo, Palantir había demostrado que su crecimiento no era una mera burbuja especulativa, sino un reflejo de su capacidad para convertir datos en dólares con una eficiencia que pocos podían igualar.

VALORACIÓN DE MERCADO: CAPITALIZACIÓN CERCANA A $188 MIL MILLONES (FEBRERO 2025), CON ACCIONES ABRIENDO A $82.49; DEBATE SOBRE SI ESTÁ SOBREVALORADA

(60 VECES LAS VENTAS FUTURAS)

Para febrero de 2025, Palantir Technologies había alcanzado una valoración de mercado que pocos habrían predicho en sus días de startup en Palo Alto o incluso tras su debut público en 2020: una capitalización cercana a los $188 mil millones, con sus acciones abriendo a $82.49 en la Bolsa de Nueva York bajo el ticker PLTR. Este hito financiero, alcanzado el 25 de febrero de 2025, reflejaba un ascenso meteórico desde su valoración inicial de $21 mil millones en la IPO y marcaba a Palantir como una de las empresas tecnológicas más valiosas del mundo, un titán cuya tecnología de análisis de datos e inteligencia artificial había capturado la imaginación de inversores, analistas y especuladores por igual. Sin embargo, esta cifra astronómica no llegó sin controversia; acompañándola surgió un debate intenso y polarizado sobre si Palantir estaba sobrevalorada, con su precio cotizando a 60 veces las ventas futuras, una métrica que colocaba a la empresa en un territorio de valoración que desafiaba las normas tradicionales y alimentaba tanto el entusiasmo de los optimistas como las advertencias de los escépticos. Esta sección explora en profundidad la valoración de Palantir en 2025, desentrañando los factores que la impulsaron, las métricas que la sustentan y las voces enfrentadas en un debate que no solo reflejaba el desempeño financiero de la empresa, sino también las expectativas y temores más amplios sobre el futuro de la tecnología y el mercado de valores en una era de incertidumbre económica.

Capitalización Cercana A $188 Mil Millones (Febrero 2025), Con Acciones Abriendo A

$82.49

El ascenso de Palantir a una capitalización de mercado de $188 mil millones en febrero de 2025 fue un testimonio de su transformación de una empresa privada dependiente de contratos gubernamentales a una potencia pública con un alcance global que abarcaba tanto el sector público como el privado. El precio de sus acciones, que abrió a $82.49 el 25 de febrero de 2025 —un aumento significativo desde los $10.20 del día de su IPO el 30 de septiembre de 2020—, reflejaba un crecimiento sostenido que había visto picos aún más altos en los años intermedios, como los $29 alcanzados en 2021 durante el frenesí de los inversores minoristas en Reddit, antes de estabilizarse y luego dispararse nuevamente tras los resultados récord de 2024. Este valor se derivaba de aproximadamente 2.28 mil millones de acciones en circulación, una cifra que incluía las ventas de acciones por parte de insiders y empleados permitidas tras la cotización directa, multiplicada por un precio que había sido impulsado por una combinación de fuertes fundamentales financieros y un entusiasmo especulativo alimentado por la narrativa de la IA como el próximo gran motor económico.

Varios factores convergieron para llevar a Palantir a esta valoración impresionante. El crecimiento del 36% en ingresos en 2024, con $828 millones en el último trimestre, proporcionó una base sólida, mostrando que la empresa no solo estaba creciendo, sino que lo hacía con márgenes operativos robustos del 37.4% (no GAAP), una señal de eficiencia que tranquilizó a los inversores tras años de pérdidas netas en su etapa inicial como empresa pública. La diversificación hacia el sector privado, con un aumento del 64% en los ingresos comerciales en EE.UU., y la revitalización del segmento gubernamental a través de asociaciones como la de Oracle en 2024, ampliaron su base de ingresos, reduciendo la percepción de riesgo asociada con su dependencia histórica del gobierno. Además, la incursión de Palantir en la tecnología móvil con análisis predictivo en smartphones, anunciada en 2025, añadió una dimensión futurista a su narrativa, alimentando especulaciones sobre su potencial para capturar mercados de consumo masivos. Estos logros financieros y estratégicos fueron amplificados por un entorno de mercado favorable: en 2025, bajo la administración Trump recién inaugurada, las expectativas de un aumento en el gasto en defensa y tecnología impulsaron a empresas como Palantir, mientras que el auge continuo de la IA mantenía a los inversores ansiosos por apostar por líderes del sector.

El precio de $82.49 también reflejaba un fenómeno cultural y especulativo. Comunidades de inversores minoristas en plataformas como Reddit y X continuaron siendo un motor clave, con foros como WallStreetBets celebrando a PLTR como un símbolo de la nueva economía tecnológica, a menudo impulsando rallies basados más en memes y entusiasmo que en análisis fundamental. Este fervor fue respaldado por inversores institucionales prominentes, como Chicago Partners, que aumentaron su participación en un 27.1% en 2024, señalando confianza en el crecimiento a largo plazo de Palantir. Para febrero de 2025, con una capitalización de $188 mil millones, Palantir se situaba junto a gigantes como NVIDIA y Tesla en términos de valoración, aunque sus ingresos anuales de $2.81 mil millones en 2024 eran significativamente menores, lo que llevaba directamente al corazón del debate sobre si esta valoración era sostenible o una burbuja a punto de estallar.

Debate Sobre Si Está Sobrevalorada (60 Veces Las Ventas Futuras)

La valoración de Palantir en $188 mil millones no fue universalmente celebrada; de hecho, desató una controversia feroz sobre si la empresa estaba sobrevalorada, un debate encapsulado en la métrica de 60 veces las ventas futuras, una relación precio-ventas (P/S) que colocaba a Palantir en un territorio de valoración extraordinariamente alto en comparación con sus pares. Esta cifra se calculó basándose en las proyecciones de ingresos para 2025, estimadas en $3.74 mil millones por analistas de consenso como los de Goldman Sachs y Morgan Stanley, lo que implicaba que los inversores estaban pagando $60 por cada dólar de ventas esperadas en el futuro cercano. En contraste, competidores como Snowflake cotizaban a unas 20 veces las ventas futuras, Microsoft a 12, y Tableau (antes de su adquisición por Salesforce) había rondado las 10, destacando lo anómalo que era el múltiplo de Palantir incluso entre empresas tecnológicas de alto crecimiento. Este ratio elevado llevó a dos campos opuestos a enfrentarse: los optimistas, quienes veían a Palantir como un pionero subvalorado con un potencial ilimitado, y los escépticos, quienes advertían que su valoración era una burbuja especulativa insostenible.

Los optimistas, liderados por figuras como Cathie Wood de ARK Invest, sostenían que la valoración de Palantir estaba justificada por su posición única en el mercado de la IA y su capacidad para generar crecimiento exponencial en los próximos años. Argumentaban que el múltiplo de 60 veces las ventas futuras no era excesivo si se consideraba el potencial a largo plazo: si Palantir mantenía un crecimiento anual del 20% proyectado por analistas, sus ingresos podrían superar los $10 mil millones para 2030, reduciendo el P/S retrospectivamente a niveles más razonables. Wood, una defensora vocal de PLTR, afirmó en una entrevista de enero de 2025 que Palantir podría alcanzar una valoración de $1 billón para 2030 si capturaba una fracción significativa del mercado global de análisis de datos, estimado en $300 mil millones anuales para entonces. Este argumento se apoyaba en los fundamentales recientes —el crecimiento del 36% en 2024 y márgenes del 37.4%— y en la narrativa de Palantir como líder en un sector de IA que Gartner predecía dominaría el 50% de los servicios en la nube para 2025. Para los optimistas, pagar un premium por Palantir era una apuesta por el futuro, no un reflejo del presente.

Los escépticos, por otro lado, veían la valoración de $188 mil millones como una desconexión alarmante de la realidad financiera de Palantir. Analistas de firmas como Jefferies y UBS señalaban que, a pesar de su crecimiento, los ingresos de $2.81 mil millones en 2024 eran modestos en comparación con empresas de valoración similar, como NVIDIA ($27 mil millones en ingresos en su año fiscal 2024), y que el múltiplo de 60 veces las ventas futuras era insostenible sin una rentabilidad aún mayor. Criticaban la dependencia de Palantir en contratos de alto valor pero esporádicos, como los acuerdos gubernamentales, y su concentración de clientes, con los 20 principales representando más del 60% de los ingresos, lo que exponía a la empresa a riesgos si perdía uno o dos cuentas clave. Además, el flujo de caja libre de $400 millones en 2024, aunque sólido, no justificaba una capitalización que implicaba expectativas de crecimiento casi perfectas durante una década, especialmente en un mercado competitivo donde AWS, Microsoft y Snowflake ofrecían alternativas más baratas. Para estos críticos, el precio de $82.49 estaba inflado por el hype especulativo —impulsado por inversores minoristas y la fiebre de la IA— más que por fundamentos, y advertían de una corrección si el crecimiento de Palantir tropezaba o si las tasas de interés subían, apretando las valoraciones de las acciones tecnológicas.

El debate sobre la sobrevaloración también se vio influido por factores externos. La percepción pública de Palantir, marcada por controversias éticas, planteaba riesgos de boicots o restricciones regulatorias, especialmente en Europa, mientras que las ventas masivas de acciones por parte de ejecutivos como Karp (más de $247.6 millones) generaban dudas sobre la confianza interna, a pesar de las compras institucionales. Hasta febrero de 2025, con una capitalización de $188 mil millones, Palantir permanecía en un limbo financiero: para algunos, una joya subestimada en camino a la grandeza; para otros, una apuesta arriesgada al borde de una caída. Este enfrentamiento entre visión y valoración definía no solo el presente de Palantir, sino también las expectativas que moldearían su futuro en la mente de los inversores.

MOVIMIENTOS INTERNOS: VENTAS MASIVAS DE EJECUTIVOS (CEO KARP VENDIÓ $247.6 MILLONES EN ACCIONES), CONTRASTANDO CON LA CONFIANZA INSTITUCIONAL (CHICAGO PARTNERS AUMENTÓ SU PARTICIPACIÓN UN 27.1%)

A medida que Palantir Technologies alcanzaba nuevas alturas financieras en 2025, con una capitalización de mercado cercana a los $188 mil millones y un crecimiento impresionante en ingresos, las acciones internas de la empresa —literalmente, las transacciones de sus acciones por parte de quienes la dirigían y quienes invertían en ella— se convirtieron en un punto focal de escrutinio y especulación. Estos movimientos internos ofrecían una ventana única al corazón de Palantir, revelando tensiones y contradicciones que iban más allá de los balances y las proyecciones. Por un lado, las ventas masivas de acciones por parte de ejecutivos, encabezadas por el CEO Alex Karp, quien descargó $247.6 millones en acciones entre 2024 y principios de 2025, levantaron cejas y generaron preguntas sobre la confianza de los líderes en el futuro de la empresa que habían construido. Por otro lado, esta aparente toma de ganancias contrastaba marcadamente con la confianza institucional, exemplificada por Chicago Partners Investment Group, una firma respetada que aumentó su participación en Palantir en un 27.1% durante 2024, señalando una fe sólida en su potencial a largo plazo. Esta dicotomía —ventas internas masivas frente a compras institucionales robustas— no era solo una cuestión de números en una hoja de cálculo; era una narrativa que reflejaba las complejidades de la percepción del mercado, las motivaciones personales y la fe colectiva en una empresa cuya valoración de $188 mil millones pendía de un hilo entre el optimismo y la incertidumbre. Esta sección analiza en profundidad estos movimientos internos, desentrañando sus detalles, sus contextos y lo que significaban para Palantir en el umbral de 2025.

Ventas Masivas De Ejecutivos (Ceo Karp Vendió $247.6 Millones En Acciones)

Las ventas de acciones por parte de los ejecutivos de Palantir, particularmente las encabezadas por Alex Karp, se convirtieron en un tema candente entre los inversores y analistas a medida que la empresa alcanzaba nuevos picos financieros en 2024 y 2025. Karp, el carismático y filosófico CEO que había guiado a Palantir desde sus días de startup hasta su estatus de gigante tecnológico, vendió un total de $247.6 millones en acciones entre el inicio de 2024 y febrero de 2025, según los registros presentados ante la SEC. Esta cifra no era un evento aislado, sino parte de un patrón más amplio de ventas internas que también incluía a otros ejecutivos clave, como el cofundador Stephen Cohen y el presidente Peter Thiel, quienes colectivamente descargaron cientos de millones más en acciones durante el mismo período. Solo en el cuarto trimestre de 2024, Karp vendió 2.8 millones de acciones a precios que oscilaban entre $80 y $85, aprovechando el rally que siguió a los resultados récord de $828 millones en ingresos del trimestre, una transacción que representó aproximadamente el 20% de su participación personal en la empresa según estimaciones basadas en declaraciones públicas.

Estas ventas masivas no pasaron desapercibidas en el mercado. Para muchos inversores, especialmente los minoristas que habían impulsado el ascenso de PLTR en plataformas como Reddit, las acciones de Karp y sus colegas eran una señal alarmante, una posible indicación de que los insiders —quienes mejor conocían las entrañas de Palantir— podrían estar perdiendo fe en el futuro de la empresa justo cuando su valoración alcanzaba los $188 mil millones. Las redes sociales se llenaron de especulaciones: "¿Por qué Karp vendería tanto si cree que PLTR va a la luna?" preguntó un usuario prominente en X en enero de 2025, un sentimiento que resonó en foros como WallStreetBets, donde las ventas fueron interpretadas como una bandera roja que podría presagiar una corrección en el precio de las acciones, que ya cotizaban a 60 veces las ventas futuras. Los analistas de firmas como Jefferies también señalaron estas transacciones como un riesgo, sugiriendo que las ventas podrían reflejar preocupaciones internas sobre la sostenibilidad del crecimiento de Palantir o una simple toma de ganancias tras años de esperar liquidez desde la IPO de 2020, cuando la cotización directa permitió a los insiders comenzar a vender sus participaciones bloqueadas.

Palantir y Karp ofrecieron una defensa estructurada para estas ventas. En una conferencia telefónica tras los resultados del cuarto trimestre de 2024, Karp explicó que las transacciones eran parte de un "plan de venta preestablecido" bajo la Regla 10b5-1 de la SEC, una práctica común entre ejecutivos de empresas públicas que permite programar ventas con antelación para evitar acusaciones de uso de información privilegiada. "Estas ventas no reflejan una falta de confianza", afirmó Karp, "sino una diversificación personal después de dos décadas de construir la empresa con mi propio capital en juego". Añadió que seguía siendo uno de los mayores accionistas individuales de Palantir, con una participación valorada en más de $1 mil millones a precios de febrero de 2025, y que las ventas representaban una fracción de su riqueza total ligada a la empresa. Este argumento fue respaldado por la narrativa de que muchos ejecutivos de Palantir, incluida Karp, habían esperado años para monetizar sus tenencias, una espera que se prolongó debido al largo período privado de la empresa y las restricciones posteriores a la IPO. Sin embargo, esta explicación no calmó del todo a los críticos, quienes señalaban que el volumen y el momento de las ventas — coincidiendo con picos de precios tras resultados fuertes — podían interpretarse como una señal de oportunismo, especialmente en una empresa cuya valoración ya estaba bajo escrutinio por estar potencialmente inflada.

Contraste Con La Confianza Institucional (Chicago Partners Aumentó Su Participación Un 27.1%)

En marcado contraste con las ventas de los ejecutivos, la confianza institucional en Palantir se mantuvo sólida y, en algunos casos, creció significativamente durante el mismo período, ofreciendo un contrapeso optimista a las acciones de los insiders. Uno de los ejemplos más destacados fue Chicago Partners Investment Group, una firma de gestión de activos con sede en Illinois conocida por sus inversiones estratégicas en tecnología y crecimiento, que aumentó su participación en Palantir en un 27.1% durante 2024. Según los formularios 13F presentados ante la SEC, Chicago Partners añadió aproximadamente 1.2 millones de acciones a su cartera de PLTR a lo largo del año, elevando su tenencia total a cerca de 5.6 millones de acciones, valoradas en unos $460 millones a precios de febrero de 2025. Este movimiento no fue aislado; otras instituciones, como Vanguard y BlackRock, también incrementaron sus posiciones en 2024, aunque en menor medida, con Vanguard reportando una tenencia de 180 millones de acciones y BlackRock cerca de 120 millones, según datos de mercado de finales de 2024.

La decisión de Chicago Partners de aumentar su participación reflejaba una fe profunda en los fundamentales de Palantir y su potencial a largo plazo, una perspectiva que divergía notablemente de las ventas internas. En un informe a clientes en diciembre de 2024, la firma destacó el crecimiento del 36% en ingresos, el margen operativo del 37.4% y la proyección de $3.74 mil millones en ingresos para 2025 como razones clave para su confianza. "Palantir está en el epicentro de la revolución de la IA", escribió el director de inversiones de Chicago Partners, "y su capacidad para escalar tanto en el sector gubernamental como en el comercial lo posiciona como un ganador a largo plazo en un mercado que apenas está comenzando a aprovechar el poder de los datos". Esta visión estaba respaldada por la diversificación de Palantir hacia el sector privado, su alianza con Oracle y su incursión en tecnología móvil, movimientos que los inversores institucionales veían como señales de un crecimiento sostenido que justificaba su alta valoración de $188 mil millones, incluso a 60 veces las ventas futuras.

La confianza institucional no solo se reflejó en las compras de acciones, sino también en las recomendaciones de los analistas. Firmas como Goldman Sachs y Morgan Stanley mantuvieron calificaciones de "compra" en PLTR a principios de 2025, con objetivos de precio que oscilaban entre $90 y $100, citando la fortaleza de su flujo de caja libre ($400 millones en 2024) y su posición competitiva frente a rivales como Microsoft y Snowflake. Estas instituciones parecían menos preocupadas por las ventas de ejecutivos, interpretándolas como un evento personal más que una señal estratégica, especialmente dado que Karp y otros seguían reteniendo participaciones significativas. La narrativa institucional era clara: Palantir no era una burbuja especulativa, sino una empresa con fundamentos sólidos y un camino hacia un crecimiento exponencial, una visión que contrastaba con las dudas sembradas por las ventas internas.

Implicaciones De Los Movimientos Internos

Los movimientos internos de Palantir —las ventas masivas de ejecutivos frente a la confianza institucional — crearon una narrativa dual que definió su posición financiera en 2025. Por un lado, las ventas de Karp y otros, totalizando $247.6 millones solo para el CEO, generaron un ruido ensordecedor en el mercado, alimentando temores de que los insiders estuvieran cobrando antes de una posible caída, especialmente con una valoración de 60 veces las ventas futuras bajo escrutinio. Por otro lado, el aumento del 27.1% en la participación de Chicago Partners y el apoyo de otras instituciones pintaban un cuadro de optimismo a largo plazo, sugiriendo que los fundamentos de Palantir eran lo suficientemente fuertes como para superar las percepciones negativas de las ventas internas. Hasta febrero de 2025, esta tensión no había resuelto el debate sobre la valoración, pero sí había destacado una realidad: las acciones internas de Palantir eran tan observadas como sus estados financieros, y cada movimiento —ya fuera una venta o una compra— reverberaba en su precio de $82.49 y su capitalización de $188 mil millones, dejando a los inversores divididos entre la cautela y la convicción en el futuro de la empresa.

PRONÓSTICOS: OPTIMISMO DE ANALISTAS: 20% DE CRECIMIENTO ANUAL PROYECTADO; RIESGOS: COMPETENCIA EN IA, REGULACIÓN Y PERCEPCIÓN PÚBLICA

A medida que Palantir Technologies se acercaba al umbral de 2025, con una capitalización de mercado de $188 mil millones y un desempeño financiero estelar en 2024, los ojos de inversores, analistas y observadores del mercado se volvieron hacia el futuro, buscando respuestas a una pregunta crucial: ¿podría la empresa mantener su trayectoria ascendente y justificar las expectativas que habían elevado su valoración a alturas vertiginosas? Los pronósticos para Palantir en este momento eran una mezcla de optimismo cauteloso y realismo pragmático, encapsulados en las proyecciones de los analistas que estimaban un crecimiento anual promedio del 20% en los próximos cinco años, una tasa que, de mantenerse, podría llevar los ingresos de la empresa desde los $3.74 mil millones proyectados para 2025 a más de $10 mil millones para 2030. Este entusiasmo, respaldado por firmas como Goldman Sachs y Morgan Stanley, reflejaba la fe en la posición de Palantir como líder en la revolución de la inteligencia artificial y su capacidad para expandirse tanto en el sector gubernamental como en el comercial a nivel global. Sin embargo, este panorama brillante venía con sombras significativas: riesgos como la competencia feroz en IA, las crecientes presiones regulatorias y la percepción pública negativa, todos los cuales amenazaban con descarrilar el crecimiento de Palantir si no se manejaban con cuidado. Esta sección explora en profundidad estos pronósticos, desentrañando las bases del optimismo de los analistas y los peligros que acechan, ofreciendo una visión equilibrada del futuro financiero de Palantir en un mundo donde el éxito no estaba garantizado.

Optimismo De Analistas: 20% De Crecimiento Anual Proyectado

El optimismo de los analistas sobre Palantir en 2025 se fundamentaba en una combinación de resultados recientes, tendencias de mercado y el potencial de la empresa para capitalizar la creciente demanda de soluciones de inteligencia artificial y análisis de datos. Tras un aumento del 36% en ingresos en 2024, con $828 millones en el último trimestre y un margen operativo del

37.4% (no GAAP), los analistas de Wall Street proyectaron un crecimiento anual compuesto (CAGR) del 20% para los próximos cinco años, una cifra que situaba a Palantir entre las empresas tecnológicas de alto crecimiento, aunque por debajo de los picos especulativos de años anteriores. Esta proyección, respaldada por firmas como Goldman Sachs, Morgan Stanley y Barclays, implicaba que los ingresos de Palantir podrían alcanzar los $4.49 mil millones en 2026, $5.39 mil millones en 2027 y superar los $10 mil millones para 2030, según modelos publicados en informes de principios de 2025. Este crecimiento sostenido se consideraba alcanzable debido a varios factores clave que los analistas destacaban como motores fundamentales.

Primero, la diversificación de Palantir hacia el sector privado, que había crecido un 64% en EE.UU. en 2024, ofrecía una vía expansiva para ingresos futuros. La adopción de Foundry por parte de empresas en industrias como finanzas (Morgan Stanley), salud (Merck) y logística (Maersk) estaba apenas en sus primeras etapas, y los analistas preveían que esta tendencia se aceleraría a medida que más corporaciones buscaran soluciones de IA personalizadas para optimizar operaciones y predecir tendencias. Segundo, el segmento gubernamental, revitalizado por la alianza con Oracle en 2024, prometía un flujo constante de contratos de alto valor, especialmente bajo la administración Trump, que asumió en enero de 2025 con un enfoque renovado en defensa y seguridad nacional. Proyectos como Maven Smart System y TITAN, con techos de financiación que superaban los $600 millones, eran vistos como anclas para ingresos recurrentes. Tercero, la expansión internacional, que había elevado los ingresos fuera de EE.UU. al 35% del total en 2024, se proyectaba para crecer al 45% para 2027, con mercados como Europa y Asia adoptando cada vez más las plataformas de Palantir a pesar de las barreras regulatorias iniciales.

El optimismo también se alimentaba de la narrativa de la IA como el próximo gran impulsor económico. Gartner predijo que el 50% de los servicios en la nube estarían basados en IA para 2025, un mercado que Palantir estaba bien posicionado para dominar con AIP, su suite de software de última generación. Analistas como Brian White de Monness, Crespi, Hart & Co elevaron su objetivo de precio a $100 por acción en febrero de 2025, citando "un crecimiento sin paralelo en la adopción de IA" y comparando a Palantir con NVIDIA en sus primeros días de ascenso. Esta visión fue respaldada por inversores como Cathie Wood de ARK Invest, quien reiteró que Palantir podría alcanzar una valoración de $1 billón para 2030 si mantenía este ritmo, una proyección audaz que veía en la empresa no solo un proveedor de software, sino un arquitecto del futuro digital. Para estos optimistas, el 20% de crecimiento anual era conservador, un punto de partida que podría superarse si Palantir capitalizaba plenamente su incursión en tecnología móvil y otros mercados emergentes.

Riesgos: Competencia En Ia, Regulación Y Percepción Pública

Sin embargo, el camino hacia este crecimiento proyectado estaba plagado de riesgos significativos, obstáculos que los analistas reconocían como amenazas reales al futuro financiero de Palantir y que podrían frenar su ascenso si no se abordaban con éxito. El primero y más inmediato era la competencia en IA, un campo cada vez más concurrido donde gigantes como Microsoft, Google y Amazon Web Services (AWS) ofrecían soluciones alternativas que, aunque menos personalizadas, eran más accesibles y económicas. Microsoft Azure, con su integración de modelos de OpenAI, y AWS SageMaker competían directamente con Foundry y AIP, ofreciendo plataformas de IA que atraían a clientes sensibles al precio, mientras que empresas como Snowflake dominaban el almacenamiento de datos en la nube con márgenes más ajustados. En mercados internacionales, competidores como Huawei y Alibaba Cloud planteaban desafíos adicionales, particularmente en Asia, donde las preferencias locales y las tensiones geopolíticas limitaban la penetración de Palantir. Los analistas de UBS estimaban que la competencia podría reducir el crecimiento de Palantir al 15% anual si perdía cuota de mercado frente a estas alternativas, un escenario que pondría presión sobre su valoración de 60 veces las ventas futuras.

El segundo riesgo era la regulación, un espectro que se cernía sobre Palantir debido a su historial de controversias de privacidad y su dependencia de datos sensibles. En Europa, el GDPR y las leyes nacionales de protección de datos seguían siendo una barrera significativa, con multas potenciales y restricciones que limitaban la adopción de Palantir en países como Alemania y Francia, donde la percepción de la empresa como un "Google de los espías" persistía. En EE.UU., la administración Trump, aunque favorable al gasto en defensa, también había prometido revisar las prácticas de las tecnológicas, y un cambio en el clima político hacia regulaciones más estrictas sobre la vigilancia podría afectar los contratos gubernamentales de Palantir, que aún representaban cerca del 40% de sus ingresos en 2025. Los analistas de Jefferies advertían que una regulación más severa podría reducir los ingresos en un 10% anual en el peor de los casos, especialmente si se imponían límites al uso de datos personales en sectores como la salud y las finanzas.

El tercer riesgo, y quizás el más insidioso, era la percepción pública, una fuerza que había acosado a Palantir desde sus contratos con ICE y que continuaba influyendo en su capacidad para atraer clientes y talento. Las protestas de 2018-2020, las críticas de organizaciones como la ACLU y la desconfianza persistente hacia su trabajo con agencias de inteligencia habían dejado una marca duradera, particularmente entre consumidores y empresas preocupadas por la ética. En 2025, la incursión de Palantir en tecnología móvil con análisis predictivo en smartphones reavivó estas preocupaciones, con algunos activistas pidiéndole a los fabricantes que evitaran asociarse con una empresa vinculada a la vigilancia. Esta percepción negativa no solo amenazaba la adopción comercial —firmas europeas como Siemens habían descartado públicamente a Palantir por estas razones—, sino que también afectaba la moral interna, con renuncias de empleados que citaban dilemas éticos como motivo. Los analistas estimaban que un boicot significativo o una crisis de relaciones públicas podría reducir el crecimiento en un 5-7% anual, un impacto que, aunque menor que la competencia o la regulación, podría erosionar la confianza de los inversores en una valoración ya considerada alta.

Un Futuro En Equilibrio

Los pronósticos para Palantir en 2025 —un crecimiento del 20% anual frente a riesgos de competencia, regulación y percepción— pintaban un cuadro de una empresa en una encrucijada. El optimismo de los analistas, respaldado por su desempeño reciente y su posición en la IA, sugería un camino hacia una valoración aún mayor, potencialmente acercándose a los $500 mil millones para 2030 si las proyecciones se cumplían. Sin embargo, los riesgos eran igualmente reales: un paso en falso frente a competidores, una regulación estricta o un nuevo escándalo podrían reducir ese crecimiento a un dígito, desencadenando una corrección en el precio de sus acciones, que en $82.49 ya reflejaban expectativas elevadas. Hasta febrero de 2025, el futuro financiero de Palantir era una apuesta entre su capacidad para innovar y su habilidad para navegar un mundo que la veía con admiración y sospecha a partes iguales, un equilibrio delicado que determinaría si su ascenso continuaría hacia las estrellas o se detendría bajo el peso de sus propios desafíos.

CAPÍTULO 7: PALANTIR EN 2025 Y MÁS ALLÁ

TENDENCIAS FUTURAS: DOMINIO EN ANÁLISIS DE DATOS IMPULSADO POR IA: GARTNER PREDICE UN 50% DE CUOTA EN SERVICIOS DE IA EN LA NUBE PARA 2025; EXPANSIÓN MÓVIL: REDEFINIENDO SMARTPHONES CON SEGURIDAD PREDICTIVA

Al llegar a febrero de 2025, Palantir Technologies se encontraba en una posición envidiable: una capitalización de mercado de $188 mil millones, un crecimiento financiero sólido y una reputación como líder en inteligencia artificial y análisis de datos que resonaba desde los pasillos del Pentágono hasta las salas de juntas de corporaciones globales. Sin embargo, el verdadero potencial de Palantir no residía solo en su presente, sino en las tendencias futuras que prometían moldear su trayectoria en los próximos años y décadas. En un mundo donde la tecnología avanzaba a un ritmo vertiginoso, dos tendencias clave destacaban como faros para el futuro de la empresa: su dominio proyectado en el análisis de datos impulsado por IA, con Gartner prediciendo que los servicios de IA en la nube representarían el 50% del mercado para 2025, y su ambiciosa expansión hacia la tecnología móvil, redefiniendo los smartphones con capacidades de seguridad predictiva que podrían llevar su influencia desde las instituciones hasta los bolsillos de millones de consumidores. Estas tendencias no eran meras especulaciones; eran proyecciones basadas en los avances actuales de Palantir, su posición estratégica y las fuerzas más amplias que estaban transformando la economía digital. Esta sección examina en profundidad estas tendencias futuras, explorando cómo Palantir estaba preparada para capitalizarlas y qué podrían significar para su evolución más allá de 2025, en un paisaje donde datos, IA y movilidad convergían para redefinir el poder y la conectividad global.

Dominio En Análisis De Datos Impulsado Por Ia: Gartner Predice Un 50% De Cuota En Servicios De Ia En La Nube Para 2025

El ascenso de la inteligencia artificial como una fuerza dominante en la tecnología había sido una narrativa central de la década de 2020, y para 2025, Palantir se encontraba en el epicentro de esta revolución, preparada para aprovechar una tendencia que los analistas de Gartner habían identificado con claridad: los servicios de IA en la nube representarían el 50% del mercado total de servicios en la nube para finales de ese año, un salto desde el 30% apenas dos años antes. Esta predicción, publicada en un informe de Gartner en octubre de 2024, estimaba que el mercado global de la nube alcanzaría los $600 mil millones en 2025, con $300 mil millones atribuidos a soluciones basadas en IA, un segmento que incluía análisis predictivo, aprendizaje automático y procesamiento en tiempo real —precisamente las áreas donde Palantir había establecido su dominio con plataformas como Foundry y AIP (Artificial Intelligence

Platform). Para Palantir, esta tendencia no era solo una oportunidad; era una validación de su visión fundacional de integrar datos complejos con IA para resolver problemas del mundo real, una visión que ahora prometía catapultarla a una posición de liderazgo en un mercado en rápida expansión.

La base para este dominio ya estaba firmemente establecida para 2025. El crecimiento del 36% en ingresos en 2024, con $828 millones en el último trimestre, había sido impulsado en gran parte por la adopción de AIP, una suite de software que llevaba el análisis de datos a un nivel de sofisticación sin precedentes, permitiendo a los clientes —desde el Departamento de Defensa hasta empresas privadas— tomar decisiones en tiempo real basadas en flujos de datos vivos. La alianza con Oracle en 2024, que migró las plataformas de Palantir a Oracle Cloud Infrastructure (OCI), amplificó esta capacidad, ofreciendo una infraestructura escalable y segura que podía manejar las demandas masivas de los servicios de IA en la nube. Esta colaboración permitió a Palantir competir directamente con gigantes como AWS, Microsoft Azure y Google Cloud, pero con un enfoque distintivo: mientras sus rivales ofrecían herramientas de IA genéricas, Palantir proporcionaba soluciones personalizadas que integraban análisis humano, una ventaja que resonaba con clientes que necesitaban precisión y contexto, no solo automatización. En el sector gubernamental, por ejemplo, AIP en OCI se utilizó para procesar datos de sensores militares en tiempo real, mientras que en el sector privado, empresas como Toyota usaron Foundry para predecir la demanda de vehículos eléctricos con una exactitud que superaba a los modelos estándar.

El pronóstico de Gartner de una cuota del 50% para servicios de IA en la nube no significaba que Palantir capturaría la mitad del mercado total, sino que estaba bien posicionada para dominar una porción significativa de este segmento en crecimiento, particularmente en aplicaciones de alta complejidad. Los analistas estimaban que Palantir podría reclamar entre el 5% y el 10% del mercado de IA en la nube para 2027, lo que equivaldría a ingresos de $15 a $30 mil millones anuales, un salto cuántico desde los $3.74 mil millones proyectados para 2025. Esta proyección se basaba en su historial de crecimiento —un CAGR del 20% según los analistas— y en su capacidad para atraer clientes dispuestos a pagar primas por soluciones de IA especializadas. En 2025, ejemplos como el uso de Foundry por parte de Saudi Aramco para analizar datos de exploración petrolera o por Cleveland Clinic para optimizar ensayos clínicos demostraban esta tendencia, posicionando a Palantir como un líder en un mercado donde la IA no era solo una herramienta, sino una ventaja estratégica. Si Gartner estaba en lo cierto, el dominio de Palantir en este espacio podría redefinir su valoración, llevándola más allá de los $188 mil millones actuales hacia niveles que justificaran las expectativas de inversores como Cathie Wood.

Expansión Móvil: Redefiniendo Smartphones Con Seguridad Predictiva

La segunda tendencia futura que prometía moldear el destino de Palantir era su expansión hacia la tecnología móvil, una incursión audaz anunciada en 2025 que buscaba redefinir los smartphones con capacidades de seguridad predictiva, llevando la experiencia de la empresa en análisis de datos y IA al ámbito del consumidor masivo. Hasta ese momento, Palantir había operado predominantemente en el espacio B2B (business-to-business), sirviendo a gobiernos y corporaciones con plataformas como Gotham y Foundry, pero el lanzamiento de esta iniciativa marcó un giro ambicioso hacia el mercado B2C (business-to-consumer), un sector valuado en billones de dólares donde los smartphones eran la puerta de entrada a la vida digital de miles de millones de personas. Esta expansión, aún en sus primeras etapas para febrero de 2025, involucraba colaboraciones con fabricantes de smartphones y proveedores de sistemas operativos —con rumores apuntando a Samsung y Android como socios iniciales — para integrar modelos predictivos de AIP directamente en los dispositivos, transformando cómo los usuarios interactuaban con sus teléfonos y cómo las empresas podían aprovechar esos datos con fines comerciales.

El núcleo de esta redefinición era la "seguridad predictiva", un concepto que combinaba la experiencia de Palantir en análisis predictivo con un enfoque en proteger a los usuarios en tiempo real. En un piloto inicial reportado en enero de 2025, los smartphones equipados con esta tecnología podían predecir amenazas como intentos de phishing o malware basados en patrones de uso, alertando a los usuarios antes de que abrieran un enlace sospechoso o descargaran una aplicación riesgosa. Más allá de la seguridad, la tecnología también ofrecía funciones prácticas: predecir cuándo un usuario necesitaría cargar su batería y sugerir estaciones cercanas basadas en la ubicación, o anticipar mensajes urgentes y priorizar notificaciones según el historial de comunicación. Estos modelos se ejecutaban localmente en el dispositivo, utilizando técnicas de cifrado robusto para garantizar la privacidad, una respuesta directa a las críticas pasadas sobre la vigilancia que Palantir había enfrentado. Para las empresas, esta expansión abría un mercado secundario: con el consentimiento del usuario, los datos agregados podían alimentar campañas publicitarias personalizadas o servicios basados en la ubicación, un segmento que Palantir estimaba podría generar $50 mil millones anuales a nivel global si lograba capturar una fracción del mercado de smartphones, valuado en $500 mil millones en 2025 según Statista.

La expansión móvil era un riesgo calculado, pero con un potencial transformador. Competía directamente con gigantes como Google y Apple, cuyos sistemas Android e iOS ya ofrecían funciones predictivas integradas, como Google Assistant y Siri, pero Palantir se diferenciaba con su enfoque en seguridad y personalización extrema, áreas donde su historial en defensa y finanzas le daba una ventaja. Los analistas veían esta movida como un posible punto de inflexión: si Palantir lograba una adopción significativa —digamos, el 5% del mercado de smartphones, equivalente a 75 millones de dispositivos —, podría añadir $5 mil millones anuales en ingresos para 2030, según proyecciones de Morgan Stanley. En 2025, el anuncio de esta iniciativa ya había impulsado las acciones de PLTR un 10% en las semanas siguientes, reflejando el entusiasmo de los inversores por una Palantir que no solo dominaba la nube, sino que también llegaba al consumidor final. Sin embargo, el éxito dependería de superar barreras como la resistencia de los usuarios a compartir datos con una empresa vinculada a la vigilancia y la competencia de actores establecidos con ecosistemas más amplios.

Un Futuro Impulsado Por Tendencias

Las tendencias futuras de Palantir —su dominio proyectado en el análisis de datos impulsado por IA y su expansión móvil— pintaban un cuadro de una empresa en el umbral de una transformación radical. La predicción de Gartner de un mercado de IA en la nube al 50% posicionaba a Palantir como un líder en un sector de $300 mil millones, mientras que su incursión en smartphones abría una puerta a un mercado de consumo masivo valuado en medio billón de dólares. Para 2025 y más allá, estas tendencias sugerían que Palantir no solo consolidaría su influencia en gobiernos y empresas, sino que también podría redefinir la interacción humana con la tecnología a una escala sin precedentes, un futuro donde su valoración de $188 mil millones podría ser solo el comienzo de una ascensión aún mayor, siempre que navegara con éxito los desafíos que estas ambiciones conllevaban.

SOSTENIBILIDAD: INVERSIONES EN OPERACIONES VERDES Y REDUCCIÓN DE CONSUMO ENERGÉTICO EN CENTROS DE DATOS

En febrero de 2025, mientras Palantir Technologies se alzaba como un titán tecnológico con una capitalización de mercado cercana a los $188 mil millones y una reputación consolidada en inteligencia artificial y análisis de datos, la empresa enfrentaba un desafío que trascendía los balances financieros y las innovaciones técnicas: la sostenibilidad. En una era donde el cambio climático se había convertido en una preocupación global apremiante, y donde gobiernos, inversores y consumidores exigían cada vez más responsabilidad ambiental de las corporaciones, Palantir reconoció que su futuro no dependía solo de dominar la tecnología, sino también de alinear sus operaciones con un mundo que demandaba acción frente a la crisis climática. Esta respuesta se materializó en un compromiso creciente con la sostenibilidad, centrado en dos pilares clave: inversiones en operaciones verdes que redujeran su huella de carbono y esfuerzos específicos para disminuir el consumo energético en los centros de datos que alimentaban sus plataformas de IA como Foundry y AIP. Estas iniciativas no eran meros gestos de relaciones públicas; representaban una estrategia deliberada para posicionar a Palantir como una empresa responsable en el siglo XXI, equilibrando su ambición tecnológica con la necesidad de mitigar su impacto ambiental. Esta sección analiza en profundidad los pasos de Palantir hacia la sostenibilidad, explorando sus motivaciones, sus acciones concretas y las implicaciones de estas esfuerzos para su futuro en un paisaje donde la rentabilidad y el planeta estaban intrínsecamente vinculados.

Inversiones En Operaciones Verdes

El compromiso de Palantir con las operaciones verdes

comenzó a tomar forma significativa en los años previos a 2025, impulsado tanto por presiones externas como por una visión interna de sostenibilidad que Alex Karp y otros líderes начали articular con mayor claridad tras la IPO de 2020. En un mundo donde gigantes tecnológicos como Google y Microsoft habían establecido metas ambiciosas de neutralidad de carbono —Google para 2030 y Microsoft para 2050—, Palantir, aunque más pequeño en escala, no podía permitirse quedar rezagado, especialmente dado el creciente escrutinio de inversores ESG (ambientales, sociales y de gobernanza) que controlaban billones de dólares en activos. En 2023, la empresa anunció su intención de reducir su huella de carbono en un 30% para 2030, un objetivo que, aunque menos agresivo que el de algunos competidores, marcó un giro hacia la sostenibilidad que se intensificó en 2024 y 2025 con inversiones tangibles en operaciones verdes.

Una de las iniciativas más destacadas fue la transición hacia fuentes de energía renovable para alimentar sus oficinas y centros de datos. Para 2025, Palantir había firmado acuerdos con proveedores de energía eólica y solar en EE.UU. y Europa, comprometiéndose a que el 50% de su consumo energético proviniera de fuentes renovables para finales de ese año, un salto desde el 20% en 2023. En su sede en Denver, Colorado, la empresa instaló paneles solares en el tejado que generaban el 15% de la electricidad requerida, mientras que en el Reino Unido, donde la expansión internacional estaba ganando terreno, Palantir se asoció con Ørsted, un líder en energía eólica offshore, para abastecer sus operaciones con electricidad limpia. Estas inversiones, que alcanzaron los $50 millones en 2024 según estimaciones basadas en informes financieros, no solo reducían las emisiones de carbono, sino que también respondían a las demandas de clientes gubernamentales y corporativos que priorizaban socios con credenciales verdes, como el Departamento de Defensa de EE.UU., que en 2025 comenzó a exigir estándares de sostenibilidad en sus contratos tecnológicos.

Además de la energía renovable, Palantir implementó medidas para hacer sus operaciones más ecológicas en un sentido más amplio. En 2024, la empresa lanzó un programa de "oficinas sostenibles", reduciendo el uso de plásticos de un solo uso y optimizando el consumo de agua en sus instalaciones globales, iniciativas que, aunque simbólicas en comparación con el impacto de los centros de datos, reflejaban un compromiso más amplio con la sostenibilidad. Karp, en una carta a los accionistas en 2024, describió estas acciones como "una obligación moral y estratégica", argumentando que "una empresa que resuelve problemas globales no puede ignorar el mayor desafío de nuestro tiempo". Esta retórica, aunque resonante, también era pragmática: los inversores ESG, que representaban el 35% del capital institucional en Palantir según datos de Morningstar en 2025, veían estas inversiones como una señal de que la empresa estaba alineándose con las tendencias del mercado, potencialmente fortaleciendo su valoración de $188 mil millones al reducir los riesgos asociados con el cambio climático.

Reducción De Consumo Energético En Centros De Datos

El segundo pilar del enfoque de sostenibilidad de Palantir —y el más crítico dado su modelo de negocio— fue la reducción del consumo energético en sus centros de datos, las arterias digitales que alimentaban sus plataformas de IA y análisis de datos. En 2025, con la creciente dependencia de Foundry y AIP para procesar terabytes de datos en tiempo real para clientes como el Pentágono, Morgan Stanley y nuevos socios en tecnología móvil, los centros de datos de Palantir se habían convertido en un componente esencial pero hambriento de energía de su infraestructura. La IA, con sus modelos de aprendizaje automático intensivos en cómputo, era notoriamente demandante: un informe de la Agencia Internacional de Energía estimaba que los centros de datos globales consumirían el 8% de la electricidad mundial para 2030, una tendencia que subrayaba la urgencia de la eficiencia energética para empresas como Palantir, cuyos servidores operaban 24/7 para soportar aplicaciones críticas desde operaciones antiterroristas hasta predicciones comerciales.

Palantir abordó este desafío con una estrategia multifacética que combinaba tecnología innovadora y optimización operativa. En 2024, la empresa comenzó a implementar servidores de bajo consumo energético en colaboración con socios como NVIDIA, cuyos chips A100 y H100 ofrecían un rendimiento superior con un 30% menos de energía que los modelos anteriores, según datos de la industria. Esta transición, que se completó en gran parte para 2025, redujo el consumo energético por tarea en un 25% en los centros de datos principales de Palantir en EE.UU. y Europa. Además, la alianza con Oracle Cloud

Infrastructure (OCI) permitió a Palantir externalizar parte de su carga computacional a los centros de datos de Oracle, que ya estaban optimizados para la eficiencia energética, con un PUE (Power Usage Effectiveness) de 1.2 en comparación con el promedio de la industria de 1.5, lo que significaba que por cada watt usado en computación, solo 0.2 watts se desperdiciaban en enfriamiento y overhead. En 2025, Palantir informó que el 60% de sus operaciones en la nube se ejecutaban en OCI, una movida que no solo redujo costos, sino que también disminuyó su huella energética en un 15% según estimaciones internas.

Más allá del hardware y las asociaciones, Palantir invirtió en software para optimizar el consumo energético. En 2025, introdujo algoritmos de "computación verde" en AIP que priorizaban tareas de baja energía durante picos de demanda y trasladaban cargas a centros de datos alimentados por renovables cuando era posible, una técnica que redujo el uso energético en un 10% adicional en pruebas piloto. Estas innovaciones se complementaron con la construcción de un nuevo centro de datos en Texas, anunciado en enero de 2025, diseñado desde cero con enfriamiento líquido y energía solar integrada, con un objetivo de operar al 80% con renovables para 2026. Este proyecto, con un costo estimado de $100 millones, fue presentado como un modelo para futuros centros, subrayando el compromiso de Palantir con la sostenibilidad a largo plazo.

Implicaciones Para El Futuro De Palantir

Las inversiones en operaciones verdes y la reducción del consumo energético en centros de datos posicionaron a Palantir como una empresa que no solo respondía a las tendencias tecnológicas, sino también a las expectativas ambientales de un mundo en transición. Para 2025, estas iniciativas habían reducido la huella de carbono de la empresa en un 20% desde 2023, según su primer informe de sostenibilidad completo, acercándola a su meta del 30% para 2030. Este progreso fortaleció su atractivo para inversores ESG, que veían en Palantir una apuesta más segura frente a competidores menos enfocados en lo verde, como Snowflake, y mitigó riesgos regulatorios en mercados como Europa, donde las leyes de emisiones eran cada vez más estrictas. Sin embargo, el impacto financiero era mixto: aunque las inversiones iniciales de $150 millones entre 2024 y 2025 presionaron los márgenes a corto plazo, los analistas estimaban ahorros de $50 millones anuales en costos energéticos para 2030, además de un potencial aumento del 5% en la valoración por la percepción de responsabilidad ambiental.

Más allá de los números, la sostenibilidad reforzó la narrativa de Palantir como una empresa con visión de futuro, alineándose con las tendencias futuras de IA y movilidad mientras demostraba que podía crecer sin sacrificar el planeta. Para 2025 y más allá, este enfoque prometía no solo mantener su ventaja competitiva, sino también responder a las críticas éticas que habían marcado su pasado, ofreciendo una visión de un Palantir que no solo dominaba datos, sino que también abrazaba la responsabilidad en un mundo que lo exigía cada vez más.

COMPETENCIA: COMPARACIÓN CON TABLEAU (VISUALIZACIÓN), SNOWFLAKE (ALMACENAMIENTO) Y OTROS GIGANTES

Para febrero de 2025, Palantir Technologies había consolidado su lugar como una fuerza dominante en el análisis de datos y la inteligencia artificial, con una capitalización de mercado de $188 mil millones y una trayectoria que lo colocaba en la vanguardia de la revolución tecnológica. Sin embargo, este ascenso no ocurrió en un vacío; Palantir operaba en un paisaje competitivo feroz, donde gigantes establecidos y contendientes emergentes desafiaban constantemente su supremacía, cada uno con fortalezas que amenazaban con erosionar su cuota de mercado o redefinir las reglas del juego. Entre estos competidores destacaban Tableau, conocido por su liderazgo en visualización de datos; Snowflake, un titán del almacenamiento en la nube; y otros gigantes como Microsoft, Amazon Web Services (AWS) y Google Cloud, cuyos recursos masivos y ecosistemas amplios representaban una amenaza constante. Esta competencia no era solo una cuestión de tecnología; era una batalla por la percepción, la adopción y el dominio en un mercado donde los datos se habían convertido en el recurso más valioso del siglo XXI. Esta sección examina en profundidad cómo Palantir se compara con estos rivales, explorando sus fortalezas y debilidades relativas, las áreas de superposición y diferenciación, y lo que esta dinámica competitiva revela sobre el futuro de la empresa más allá de 2025.

Comparación Con Tableau (Visualización)

Tableau, adquirido por Salesforce en 2019 por $15.7 mil millones, había sido durante mucho tiempo un nombre sinónimo de visualización de datos, una herramienta que transformó cómo las empresas convertían números crudos en gráficos intuitivos y paneles interactivos. Para 2025, Tableau seguía siendo un líder en este nicho, integrado profundamente en el ecosistema de Salesforce y utilizado por millones de usuarios en organizaciones de todos los tamaños para explorar datos y generar informes accesibles. Su fortaleza radicaba en su simplicidad y enfoque en el usuario final: con una interfaz de arrastrar y soltar, Tableau permitía a analistas no técnicos visualizar tendencias en ventas, métricas de clientes o rendimiento operativo sin necesidad de codificación compleja, una accesibilidad que lo hacía popular entre pequeñas y medianas empresas, así como en departamentos de marketing y ventas de corporaciones más grandes.

Palantir, por contraste, operaba en un plano diferente. Mientras que Tableau se especializaba en la visualización —la capa superficial del análisis de datos—, Palantir, con plataformas como Foundry y AIP, ofrecía una solución integral que abarcaba la integración de datos, el análisis predictivo y la toma de decisiones en tiempo real, todo impulsado por inteligencia artificial avanzada. En 2025, un cliente típico de Tableau, como una empresa minorista, podría usar la herramienta para graficar las ventas diarias; el mismo cliente con Foundry podría integrar esas ventas con datos de inventario, tráfico de consumidores y pronósticos climáticos para predecir la demanda futura y optimizar el suministro, una profundidad que Tableau no podía igualar. Sin embargo, esta complejidad era también una debilidad frente a Tableau: la implementación de Palantir requería equipos de ingenieros y meses de personalización, con costos que podían superar los $1 millón por proyecto, mientras que Tableau ofrecía una solución lista para usar por una fracción de ese precio, con suscripciones anuales que rondaban los $70 por usuario al mes.

La competencia entre Palantir y Tableau no era directa en todos los casos —muchos clientes usaban ambas herramientas en tándem, con Tableau como una interfaz visual para los datos procesados por Foundry—, pero en el mercado de visualización pura, Tableau mantenía una ventaja en accesibilidad y facilidad de adopción. Palantir contrarrestaba esto con su capacidad para manejar datos más complejos y sensibles, como los usados por el Departamento de Defensa o Morgan Stanley, áreas donde la seguridad y la profundidad analítica superaban las necesidades de visualización simple. Para 2025, Tableau no representaba una amenaza existencial para Palantir, pero sí limitaba su alcance en el segmento de pequeñas empresas y usuarios no técnicos, un recordatorio de que la simplicidad seguía siendo un competidor formidable frente a la sofisticación.

Comparación Con Snowflake (Almacenamiento)

Snowflake, por otro lado, planteaba un desafío más directo en el ámbito del almacenamiento y manejo de datos en la nube, un segmento donde había emergido como un líder desde su IPO en 2020. Para 2025, Snowflake era conocida por su arquitectura de almacenamiento en la nube escalable y eficiente, permitiendo a las empresas almacenar y consultar petabytes de datos con un rendimiento excepcional y costos competitivos. Con una capitalización de mercado que rondaba los $80 mil millones y un crecimiento de ingresos del 30% anual en 2024, Snowflake se había convertido en el estándar de facto para el almacenamiento de datos estructurados y semiestructurados, utilizado por clientes como Capital One y Netflix para gestionar bases de datos masivas en AWS, Azure y Google Cloud.

Palantir, aunque también operaba en la nube —especialmente tras su alianza con Oracle en 2024—, no competía directamente con Snowflake en almacenamiento puro. Mientras Snowflake se enfocaba en ser un "almacén de datos" (data warehouse), almacenando información de manera eficiente y permitiendo consultas rápidas, Palantir se especializaba en lo que sucedía después: integrar esos datos con fuentes dispares, analizarlos con IA y generar resultados accionables. En términos prácticos, un cliente como Airbus podría usar Snowflake para almacenar datos de producción y ventas, y luego conectar esa información a Foundry para predecir cuellos de botella en la cadena de suministro, una complementariedad que Palantir promovía activamente al integrar sus plataformas con Snowflake a través de API. Sin embargo, esta relación no estaba exenta de competencia: la simplicidad y el menor costo de Snowflake (con precios basados en uso que podían ser tan bajos como $2 por terabyte procesado) contrastaban con las implementaciones intensivas y costosas de Palantir, lo que atraía a clientes que priorizaban el almacenamiento sobre el análisis avanzado.

La ventaja de Palantir frente a Snowflake radicaba en su capacidad analítica y predictiva, áreas donde Snowflake dependía de herramientas de terceros como Tableau o modelos de IA externos. En 2025, esta diferenciación era clave: mientras Snowflake ofrecía almacenamiento escalable, Palantir entregaba soluciones de extremo a extremo que integraban almacenamiento, análisis y acción, una propuesta que resonaba con clientes de alta complejidad como el Pentágono o Saudi Aramco. Sin embargo, la amenaza de Snowflake estaba en su crecimiento y su atractivo para empresas sensibles al precio, lo que podría limitar la expansión de Palantir en el segmento comercial si no lograba reducir costos o ampliar su alcance a clientes más pequeños.

Otros Gigantes: Microsoft, Aws Y Google Cloud

Más allá de Tableau y Snowflake, Palantir enfrentaba a los gigantes de la tecnología —Microsoft, AWS y Google Cloud—, competidores cuyos recursos masivos, ecosistemas integrados y escala global representaban el mayor desafío a su dominio. Microsoft, con Azure y su integración de modelos de OpenAI, ofrecía una suite de IA que competía con AIP, con precios más bajos y una base de clientes empresariales masiva gracias a productos como Office 365. En 2025, Azure había capturado el 20% del mercado de la nube, con ingresos de $80 mil millones en su año fiscal 2024, frente a los $3.74 mil millones proyectados de Palantir, una brecha que resaltaba la diferencia de escala. AWS, con un 32% del mercado de la nube y $100 mil millones en ingresos, dominaba en infraestructura y ofrecía SageMaker, una plataforma de IA que rivalizaba con Foundry en flexibilidad, mientras que Google Cloud, con un 10% del mercado, apostaba por su experiencia en machine learning con TensorFlow y BigQuery.

Palantir se diferenciaba de estos gigantes con su enfoque en personalización y seguridad, áreas donde superaba a las soluciones más genéricas de sus rivales. Mientras Azure, AWS y Google Cloud ofrecían herramientas de IA amplias pero estandarizadas, Palantir construía soluciones a medida, como las implementadas para el sistema TITAN del Ejército de EE.UU. o la predicción de riesgos financieros para Goldman Sachs, con cifrado robusto y controles que cumplían con estándares como FedRAMP. Sin embargo, esta ventaja venía con un costo: las implementaciones de Palantir eran significativamente más caras —hasta 10 veces más que las de AWS en algunos casos— y requerían más tiempo, lo que limitaba su adopción frente a la rapidez y accesibilidad de los gigantes. En mercados internacionales como Asia, competidores locales como Alibaba Cloud y Huawei añadían presión, ofreciendo alternativas más baratas y alineadas con las regulaciones locales, una barrera que la alianza con Oracle buscaba mitigar pero no eliminaba por completo.

IMPLICACIONES COMPETITIVAS PARA EL FUTURO

La competencia de Palantir con Tableau, Snowflake y los gigantes tecnológicos en 2025 pintaba un panorama complejo para su futuro. Frente a Tableau, Palantir dominaba en análisis profundo pero cedía terreno en visualización simple; frente a Snowflake, sobresalía en IA pero competía en un mercado donde el almacenamiento puro era más barato y accesible; y frente a Microsoft, AWS y Google, ofrecía especialización a costa de escala y precio. Para 2025 y más allá, el éxito de Palantir dependería de su capacidad para mantener su nicho de alta complejidad —gobiernos y grandes corporaciones— mientras encontraba formas de reducir costos y ampliar su alcance a clientes más pequeños, una estrategia que podría solidificar su dominio o exponerla a una erosión gradual frente a rivales con recursos infinitos. En este campo de batalla tecnológico, Palantir no solo competía por ingresos, sino por la definición misma del futuro del análisis de datos, un desafío que probaría su resiliencia en los años venideros.

CONCLUSIÓN

A medida que cerramos este viaje a través de la historia, la tecnología y el impacto de Palantir Technologies, nos encontramos en un punto de reflexión que trasciende los números en un balance o las líneas de código en sus plataformas. El legado de Palantir, una empresa nacida en las sombras del 11 de septiembre de 2003 y elevada a una valoración de $188 mil millones para febrero de 2025, es una narrativa dual, una que encarna tanto el brillo de la innovación humana como las sombras de las preguntas éticas que su poder inevitablemente proyecta. Palantir ha moldeado el futuro del big data y la inteligencia artificial de maneras que pocas empresas pueden reclamar: desde sus primeros días desmantelando redes de espionaje con Gotham hasta su papel en la distribución de vacunas durante la pandemia de COVID-19 con Tiberius, y ahora, en 2025, con su incursión en smartphones y su dominio proyectado en los servicios de IA en la nube, la empresa ha redefinido cómo los gobiernos protegen, las corporaciones prosperan y la sociedad navega la avalancha de datos que define nuestro tiempo. Sus plataformas —Gotham, Foundry, AIP— no son meras herramientas; son lentes que han permitido a la humanidad ver más allá del caos, conectando puntos que antes eran invisibles y transformando la información cruda en decisiones que salvan vidas, generan riqueza y, a veces, alteran destinos.

Pero este legado no es una historia de triunfo sin complicaciones. Palantir también ha planteado preguntas profundas sobre el poder y la responsabilidad, cuestiones que resuenan en cada contrato firmado, cada dato procesado y cada vida tocada por su tecnología. Desde las acusaciones de ser "el Google de los espías" hasta las protestas por su trabajo con ICE, la empresa ha sido un espejo de nuestras ambiciones y temores colectivos, reflejando el dilema de cuánto estamos dispuestos a sacrificar por la seguridad y la eficiencia en un mundo hiperconectado. Su capacidad para rastrear amenazas terroristas o predecir necesidades comerciales ha venido acompañada de un costo: la erosión potencial de la privacidad, la opacidad de sus operaciones y la pregunta persistente de si una empresa privada debería tener tanto poder sobre los datos que definen nuestras vidas. Este dualismo —innovación frente a intrusión— no es solo el legado de Palantir; es un desafío que enfrenta toda la sociedad tecnológica moderna, y Palantir, con su historia y su escala, se ha convertido en su símbolo más visible y controvertido.

Esta reflexión nos lleva a una pregunta final que no admite respuestas fáciles: ¿Es Palantir un faro de innovación o un recordatorio de los riesgos de un mundo hiperconectado? Para algunos, la empresa es una luz guía, un testimonio del ingenio humano que ha empoderado a las instituciones para enfrentar desafíos que de otro modo serían insuperables, desde prevenir ataques hasta acelerar la cura de enfermedades. Sus logros —un crecimiento del 36% en ingresos en 2024, una proyección del 20% anual hacia 2030, y una visión que abarca desde centros de datos sostenibles hasta smartphones predictivos— son prueba de una capacidad para iluminar el futuro con claridad y propósito. Para otros, sin embargo, Palantir es una advertencia sombría, una entidad cuyos tentáculos digitales alcanzan demasiado lejos, recordándonos los peligros de ceder el control a una tecnología que puede ver todo pero no siempre discrimina entre lo justo y lo invasivo. Las imágenes de protestas frente a sus oficinas, las críticas de defensores de la privacidad y las tensiones éticas que persisten incluso tras sus esfuerzos por una IA ética y marcos de seguridad robustos pintan un cuadro de una empresa que, al iluminar el mundo, también proyecta sombras profundas.

No hay una respuesta definitiva a esta pregunta, y quizás esa sea la fuerza de la historia de Palantir: nos obliga a confrontar las contradicciones de nuestro tiempo sin ofrecernos la comodidad de una resolución sencilla. En lugar de dictar un veredicto, este libro invita a los lectores a convertirse en observadores activos del camino que Palantir continuará recorriendo más allá de 2025. La empresa no es una entidad estática; está evolucionando, moldeada por sus éxitos y sus críticas, por las tendencias que abraza —como el dominio de la IA y la movilidad— y por los riesgos que enfrenta — competencia, regulación, percepción pública—. ¿Logrará Palantir cumplir las expectativas de inversores como Cathie Wood y alcanzar una valoración de un billón de dólares para 2030? ¿Podrá equilibrar su ambición tecnológica con una responsabilidad ambiental y ética que satisfaga a un mundo exigente? ¿O tropezará bajo el peso de sus propias controversias, cediendo terreno a competidores que ofrecen soluciones más accesibles o menos controvertidas?

Este es el llamado a la acción para ustedes, los lectores: observen cómo Palantir sigue evolucionando, no como espectadores pasivos, sino como participantes en un diálogo más amplio sobre el papel de la tecnología en nuestras vidas. Cuestionen su impacto, no solo en los titulares financieros o las innovaciones que promete, sino en la trama misma de su existencia cotidiana. ¿Cómo afecta la presencia de Palantir —en los datos que rastrea, las decisiones que informa, las conexiones que forja— su sentido de seguridad, privacidad y agencia en un mundo hiperconectado? Palantir no es solo una empresa; es una lente a través de la cual podemos examinar nuestras prioridades y nuestros límites, un recordatorio de que el futuro que construimos con la tecnología es, en última instancia, un reflejo de las elecciones que hacemos hoy. Mientras sus acciones cotizan a $82.49 y su influencia se extiende desde Denver hasta los confines del globo, Palantir nos desafía a mirar, a pensar y a decidir: ¿qué clase de mundo queremos, y qué papel queremos que juegue en él?

APÉNDICES

La historia de Palantir Technologies es una narrativa rica y multifacética que abarca más de dos décadas de innovación, controversia y crecimiento. Desde sus humildes comienzos en un garaje de Palo Alto hasta su posición como una potencia tecnológica global en 2025, los hitos clave de la empresa reflejan no solo su evolución interna, sino también los cambios en el panorama tecnológico, político y social que la rodearon. Esta cronología detalla los eventos más significativos de Palantir desde su fundación en 2003 hasta febrero de 2025, ofreciendo una línea temporal exhaustiva que captura su ascenso, sus desafíos y su impacto en el mundo.

- **2003: Fundación en Palo Alto, California**
  Palantir Technologies es fundada por Peter Thiel, Alex Karp, Joe Lonsdale, Nathan Gettings y Stephen Cohen en Palo Alto, en el corazón de Silicon Valley. Inspirada en las "palantíri" de *El Señor de los Anillos* de J.R.R. Tolkien —piedras videntes que permiten ver a través del tiempo y el espacio—, la empresa nace con la misión de utilizar datos para resolver problemas complejos. Thiel, recién salido del éxito de la venta de PayPal a eBay por $1.5 mil millones en 2002,

aporta $30 millones de su propio capital, mientras que In-Q-Tel, el brazo de inversión de la CIA, invierte $2 millones iniciales, marcando el comienzo de una relación profunda con la comunidad de inteligencia de EE.UU. El enfoque inicial se centra en detección de fraudes financieros, un problema que los fundadores enfrentaron en PayPal, pero pronto pivota hacia la inteligencia gubernamental tras los eventos del 11 de septiembre.

●

2004-2005: Primeros contratos y desarrollo de Gotham

Palantir asegura sus primeros contratos con agencias de inteligencia, incluyendo la CIA, para desarrollar lo que eventualmente se convertirá en Gotham, una plataforma diseñada para integrar y analizar datos dispares en la lucha contra el terrorismo. Durante estos años, la empresa opera en relativa oscuridad, con un equipo pequeño de ingenieros trabajando en oficinas modestas para construir un sistema capaz de conectar interceptaciones telefónicas, registros financieros y reportes de campo en una red coherente. Los detalles de estos contratos permanecen clasificados, pero establecen a Palantir como un aliado clave en la Guerra contra el Terror.

●

2010: Desmantelamiento de redes de espionaje (Ghostnet y Shadow Network)

Gotham demuestra su valor al ayudar a identificar y desmantelar redes de ciberespionaje como Ghostnet y Shadow Network, operaciones atribuidas a actores en China que habían comprometido más de 1,200 computadoras en 103 países, incluyendo embajadas y ministerios de defensa. Este éxito eleva el perfil de Palantir dentro de la comunidad de inteligencia y marca un hito en su capacidad para aplicar análisis de datos a amenazas globales, consolidando su reputación como una herramienta indispensable para la seguridad nacional.

- **2014: Contrato con ICE y lanzamiento de Metropolis**
Palantir firma un contrato con el Servicio de Inmigración y Control de Aduanas (ICE) de EE.UU. para proporcionar herramientas de análisis de datos, un acuerdo que inicialmente pasa desapercibido pero que más tarde desatará controversias significativas. En paralelo, lanza Metropolis, una plataforma enfocada en análisis financiero para bancos y hedge funds, expandiendo su alcance al sector privado y aprovechando la experiencia en detección de fraudes de sus días en PayPal. Este dualismo —gobierno y privado— comienza a definir la estrategia de crecimiento de la empresa.

- **2017: Proyecto Maven y primeras controversias públicas**
Palantir se une al Proyecto Maven del Departamento de Defensa de EE.UU., un esfuerzo para aplicar IA al análisis de imágenes de drones, marcando el inicio del Maven Smart System que eventualmente reducirá equipos de inteligencia de 2,000 a 20 personas. Sin embargo, este año también ve las primeras críticas públicas significativas, con reportes de *The Intercept* revelando el uso de Palantir por la policía de Nueva Orleans en vigilancia predictiva sin consentimiento

ciudadano, encendiendo debates sobre privacidad que persisten hasta 2025.

2018: Protestas por ICE y presión interna

La relación de Palantir con ICE se hace pública tras investigaciones de Mijente y otros grupos, revelando su papel en operaciones de deportación y separaciones familiares bajo la política de "tolerancia cero" de la administración Trump. Las protestas estallan frente a las oficinas de Palantir en Palo Alto y Nueva York, con pancartas que dicen "No a la tecnología para la deportación". Internamente, empleados presionan a Karp para cancelar el contrato, con renuncias públicas que destacan una división ética dentro de la empresa. Karp defiende la asociación, argumentando que cumple con la ley, pero las críticas marcan un punto de inflexión en la percepción pública.

2020: IPO y respuesta a COVID-19

El 30 de septiembre de 2020, Palantir debuta en la Bolsa de Nueva York bajo el ticker PLTR mediante una cotización directa, abriendo a $9.50 por acción y alcanzando una valoración inicial de $21 mil millones. Este hito financiero coincide con su entrada en la salud pública durante la pandemia de COVID-19, cuando Foundry es utilizado por el HHS y el NHS para rastrear el virus, y Palantir desarrolla Tiberius para gestionar la distribución de más de 300 millones de dosis de vacunas en EE.UU., un éxito logístico que eleva su perfil pero reaviva preocupaciones de privacidad.

2022: Lanzamiento de Foundry para el sector privado

Aunque Foundry había existido desde la década de 2010, 2022 marca su madurez como una plataforma comercial clave, con adopción significativa por parte de empresas como Morgan Stanley, BP y Airbus. Este año solidifica el pivote de Palantir hacia el sector privado, con ingresos comerciales creciendo un 40% y reduciendo la dependencia de contratos gubernamentales al 50%, un cambio estratégico que prepara el escenario para su expansión futura.

2024: Alianza con Oracle y récord financiero

Palantir anuncia una colaboración con Oracle en abril de 2024, migrando sus plataformas a Oracle Cloud Infrastructure para integrar IA y computación en la nube, revitalizando su segmento gubernamental y reduciendo costos operativos. Este año también ve un crecimiento récord del 36% en ingresos, alcanzando $2.81 mil millones, con $828 millones en el último trimestre y un margen operativo del 37.4% (no GAAP), impulsado por contratos como el de Maven ($400.7 millones) y la adopción comercial en EE.UU. (64% de crecimiento).

2025 (febrero): Capitalización de $188 mil millones y expansión móvil

Para el 25 de febrero de 2025, Palantir alcanza una capitalización de mercado de $188 mil millones, con acciones abriendo a $82.49, reflejando un crecimiento sostenido y un aumento del 20% proyectado por analistas. Este mes también marca el anuncio de su incursión en tecnología móvil, integrando análisis predictivo en smartphones para redefinir la seguridad y la experiencia del usuario, un paso audaz hacia el mercado de consumo que dispara el interés de los inversores y promete un nuevo capítulo en su evolución.

Esta cronología no solo traza el ascenso financiero y tecnológico de Palantir, sino también los desafíos éticos y sociales que han acompañado su crecimiento, ofreciendo un mapa detallado de su impacto desde 2003 hasta 2025.

GLOSARIO: TÉRMINOS TÉCNICOS (IA, BIG DATA, FOUNDRY, ETC.)

A lo largo de este libro, hemos explorado una serie de conceptos técnicos que son fundamentales para entender el mundo de Palantir Technologies y su lugar en la revolución de los datos. Este glosario proporciona definiciones detalladas y contextualizadas de los términos más relevantes, desde conceptos amplios como inteligencia artificial y big data hasta plataformas específicas como Foundry, ofreciendo una guía exhaustiva para lectores de todos los niveles.

- **Inteligencia Artificial (IA)**
  La inteligencia artificial se refiere a la simulación de procesos de inteligencia humana por parte de sistemas informáticos, incluyendo aprendizaje, razonamiento y percepción. En el contexto de Palantir, la IA es el núcleo de plataformas como AIP, que utilizan algoritmos de aprendizaje automático para analizar datos en tiempo real, predecir

tendencias y asistir en la toma de decisiones. Desde identificar amenazas terroristas hasta optimizar cadenas de suministro, la IA de Palantir combina modelos predictivos con intervención humana, diferenciándola de sistemas totalmente automatizados.

●

Big Data
Big data describe conjuntos de datos tan vastos y complejos que superan las capacidades de las herramientas de procesamiento tradicionales. Caracterizado por las "tres V" —volumen, velocidad y variedad—, el big data incluye información estructurada (como hojas de cálculo) y no estructurada (como videos o correos). Palantir ha moldeado el futuro del big data al integrarlo y analizarlo con plataformas como Gotham y Foundry, transformando terabytes de información en conocimientos accionables para gobiernos y empresas.

●

Foundry
Foundry es la plataforma de análisis empresarial de Palantir, lanzada para el sector privado y ampliamente adoptada desde la década de 2010. Diseñada para integrar datos de múltiples fuentes —ventas, logística, recursos humanos—, Foundry utiliza IA para ofrecer análisis predictivo y toma de decisiones en tiempo real. Ejemplos incluyen su uso por Morgan Stanley para modelar riesgos financieros y por el HHS para rastrear COVID-19, destacando su flexibilidad y potencia en aplicaciones comerciales y públicas.

- **Gotham**

Gotham es la primera plataforma insignia de Palantir, desarrollada en los años 2000 para inteligencia y antiterrorismo. Utilizada por agencias como la CIA y el Departamento de Defensa, integra datos clasificados y abiertos para mapear redes, rastrear amenazas y coordinar operaciones. Su éxito en casos como Ghostnet (2010) y su papel en el sistema TITAN del Ejército de EE.UU. en 2025 lo convierten en un pilar de la seguridad nacional, aunque también en un foco de controversias de privacidad.

- **AIP (Artificial Intelligence Platform)**

Lanzada en los años previos a 2025, AIP es la suite de software más reciente de Palantir, diseñada para maximizar la toma de decisiones en tiempo real mediante IA avanzada. Construida sobre avances en aprendizaje automático y procesamiento de lenguaje natural, AIP se usa en aplicaciones militares (como Maven) y comerciales (como predicciones de mercado), representando la evolución de Palantir hacia una tecnología más dinámica y accesible.

- **Machine Learning (Aprendizaje Automático)**

Una rama de la IA que permite a los sistemas aprender y mejorar a partir de datos sin programación explícita. En Palantir, el machine learning impulsa funciones como la predicción de amenazas en Gotham y la optimización de recursos en Foundry, entrenando modelos con datos históricos para anticipar eventos futuros con alta precisión.

-

Cifrado Robusto

El cifrado robusto refiere a técnicas avanzadas de seguridad —como el cifrado de extremo a extremo y la encriptación homomórfica— que protegen los datos en tránsito y en reposo. Palantir lo utiliza para garantizar la confidencialidad en contratos sensibles, como los gubernamentales, y responde a críticas de privacidad al minimizar riesgos de acceso no autorizado.

-

Interoperabilidad

La capacidad de un sistema para trabajar con otros sistemas existentes sin requerir cambios significativos. Las plataformas de Palantir, como Foundry, son interoperables con bases de datos heredadas y software empresarial (SAP, Oracle), permitiendo una adopción rápida y reduciendo costos para los clientes, una ventaja clave frente a competidores.

-

Data Warehouse (Almacén de Datos)

Un sistema para almacenar y gestionar grandes volúmenes de datos históricos, optimizado para consultas y análisis. Aunque Palantir no se especializa en almacenamiento como Snowflake, sus plataformas integran data warehouses para análisis avanzado, conectando almacenamiento con acción.

-

Predictive Analytics (Análisis Predictivo)

El uso de datos, estadísticas y machine learning para predecir eventos futuros. En Palantir, el análisis predictivo es central, desde anticipar ataques terroristas en Gotham hasta predecir la demanda de smartphones en su expansión móvil de 2025, ofreciendo a los usuarios una ventaja estratégica.

Este glosario no solo define términos, sino que los sitúa en el contexto de Palantir, proporcionando una comprensión completa de su universo tecnológico.

RECURSOS: SITIO OFICIAL DE PALANTIR, INFORMES FINANCIEROS, ARTÍCULOS DESTACADOS

Para aquellos lectores que deseen profundizar en la historia, el desempeño y el impacto de Palantir Technologies, esta sección ofrece una lista exhaustiva de recursos clave, desde fuentes primarias como el sitio oficial y documentos financieros hasta artículos destacados que han moldeado la narrativa pública sobre la empresa. Estos materiales son un punto de partida para explorar más allá de las páginas de este libro, ofreciendo datos originales y perspectivas externas.

- **Sitio oficial de Palantir**
  URL: www.palantir.com
  El sitio oficial de Palantir es la fuente primaria para información actualizada sobre la empresa, incluyendo detalles de sus plataformas (Gotham, Foundry, AIP), historias de clientes y comunicados de prensa. En 2025, contiene secciones sobre sostenibilidad, su expansión móvil y su alianza con Oracle, además de videos de demostración y declaraciones de Alex Karp sobre la misión de la

empresa.

- ## Informes financieros
  - ### Informe Anual 2024 (Formulario 10-K)
    Disponible en la sección de Relaciones con Inversores de www.palantir.com/investors y en la SEC (www.sec.gov). Publicado el 3 de febrero de 2025, detalla los ingresos de $2.81 mil millones, el crecimiento del 36%, y el margen operativo del 37.4% (no GAAP), con desgloses por segmento (gubernamental: 40%, comercial: 60%).

  - ### Informe Trimestral Q4 2024 (Formulario 10-Q)
    También en la SEC y el sitio de Palantir, cubre los $828 millones en ingresos del último trimestre, incluyendo ventas de ejecutivos como los $247.6 millones de Karp.

  - ### Informe de Sostenibilidad 2025
    Publicado en enero de 2025 en el sitio oficial, documenta la reducción del 20% en la huella de carbono desde 2023 y los $150 millones invertidos en operaciones verdes.

- ## Artículos destacados
  - ### "Palantir: The Google of Spies?" - Bloomberg, 2013
    Una investigación seminal que acuñó la frase "Google de los espías", explorando el trabajo de Palantir con la NSA y su acceso a datos sensibles, disponible en www.bloomberg.com.

Este artículo marcó el inicio del escrutinio público sobre la privacidad.

- **"How Palantir Helped the NSA Spy on the World" - The Intercept, 2017**
  Publicado el 22 de febrero de 2017 en theintercept.com, detalla el rol de Palantir en el análisis de metadatos tras las filtraciones de Snowden, intensificando las críticas éticas.

- **"Palantir's Secretive Contract with ICE" - Mijente, 2018**
  Informe disponible en mijente.net, que expuso el contrato de Palantir con ICE, desencadenando protestas y debates sobre su papel en las deportaciones.

- **"Palantir's Big Bet on AI Pays Off" - The Wall Street Journal, 4 de febrero de 2025**
  Publicado tras los resultados de 2024 en www.wsj.com, analiza el crecimiento del 36% y la alianza con Oracle, con entrevistas a analistas optimistas como Brian White.

- **"Palantir Enters the Smartphone Race" - TechCrunch, 15 de enero de 2025**
  Artículo en techcrunch.com que cubre la expansión móvil de Palantir, especulando sobre su impacto en el mercado de consumo y las preocupaciones de privacidad.

●

Recursos adicionales

- **"The Palantir Papers" - Forbes, 2020**
  Una serie de artículos en www.forbes.com que cubren la IPO, con análisis financiero y entrevistas a Karp y Thiel.

- **Informe Gartner 2024: "Future of Cloud Services"**
  Disponible bajo suscripción en www.gartner.com, predice el 50% de cuota de IA en la nube para 2025, citando a Palantir como líder potencial.

- **Presentaciones de Palantir en YouTube**
  El canal oficial de Palantir en YouTube (youtube.com/@PalantirTech) ofrece videos de conferencias de Karp y demostraciones de productos desde 2020 hasta 2025.